严曼青 著

常开续忆

常熟开关制造有限公司
新十年纪实

电子工业出版社
Publishing House of Electronics Industry
北京·BEIJING

内 容 简 介

2024年，常熟开关制造有限公司（简称"常开"）成立五十周年。常开始终专注于电器领域，致力于打造一流民族品牌，尤其是2011年以来，以王春华同志为首的第二代领导班子，团结全体员工，成功打破了国外品牌在高端电器领域的垄断，实现了高端替代。本书经大量调研与访谈，以四编十三章的篇幅真实还原了常开十年来发展的重要节点和项目，同时，基于对行业的深入洞察，书中全面剖析了常开如何提升抗风险能力和可持续发展能力，对我国电器制造尤其是电力装备智能制造企业的发展提供了示范与启示。

未经许可，不得以任何方式复制或抄袭本书之部分或全部内容。
版权所有，侵权必究。

图书在版编目（CIP）数据

常开续忆：常熟开关制造有限公司新十年纪实 / 严曼青著 . — 北京：电子工业出版社，2024. 9. — ISBN 978-7-121-48713-2

Ⅰ．F426.63

中国国家版本馆 CIP 数据核字第 2024NU5851 号

责任编辑：秦　聪
印　　刷：三河市鑫金马印装有限公司
装　　订：三河市鑫金马印装有限公司
出版发行：电子工业出版社
　　　　　北京市海淀区万寿路 173 信箱　邮编：100036
开　　本：720×1000　1/16　印张：12　字数：180 千字　彩插：4
版　　次：2024 年 9 月第 1 版
印　　次：2024 年 9 月第 1 次印刷
定　　价：69.80 元

凡所购买电子工业出版社图书有缺损问题，请向购买书店调换。若书店售缺，请与本社发行部联系，联系及邮购电话：（010）88254888，88258888。
质量投诉请发邮件至 zlts@phei.com.cn，盗版侵权举报请发邮件至 dbqq@phei.com.cn。
本书咨询联系方式：qincong@phei.com.cn，（010）88254568。

2023年，一车间多工位级进模具零件生产现场

2018年，CM3-100C塑料外壳式断路器自动装配线

2022年，CPS体系建设项目启动会

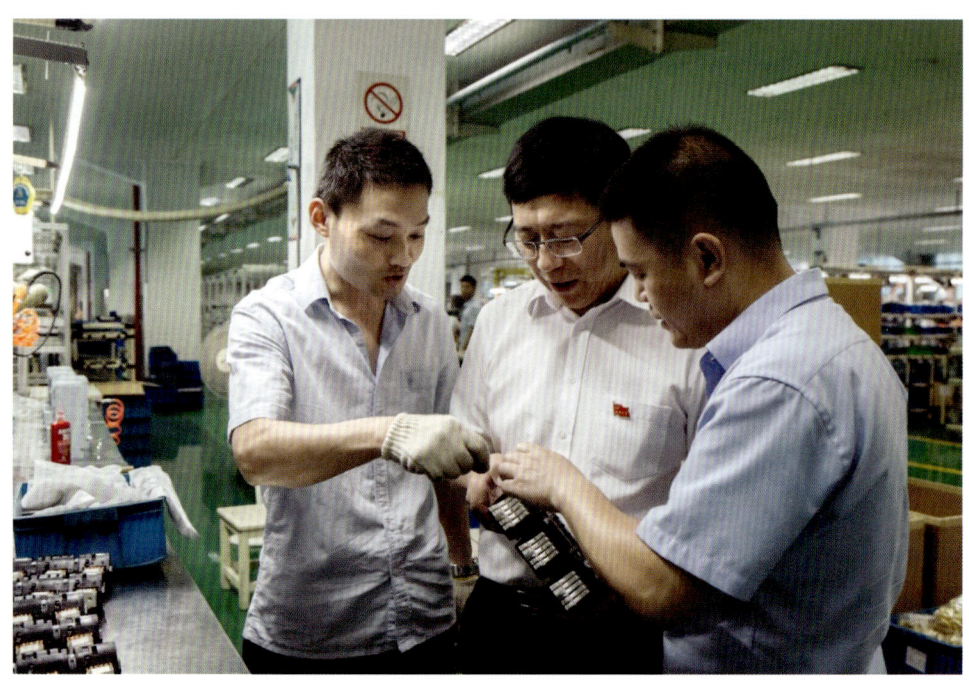

2019年，董事长王春华（中）在五车间生产现场

2023年,成套车间生产现场

2014年,分布式光伏电站

2022年，CGZ1 6.0数字化智能型低压成套开关设备授权合作签约仪式

2020年，自主研发的CW6系列智能型万能式断路器和CM6系列塑料外壳式断路器

2021年,常开荣获"阳光电源卓越质量奖"

2022年,与沙特阿拉伯王国阿尔法纳公司交流合作

2023年，建业路厂区全景

常开梦，共富强国梦
——常熟开关制造有限公司走在高质量发展的道路上

由中国工业报社副总编严曼青创作的《常开续忆——常熟开关制造有限公司新十年纪实》（以下简称《常开续忆》）已经完稿，常开董事长王春华请我作序，我欣然应允。现就我多年来对常开的观察和思考，谈几点感想和体会。

坚持创新，才能立于不败之地

常开对标世界先进的自主创新水平，自20世纪90年代始。与国外同行相比，常开起步很晚，但是，以唐春潮同志为首的上一代领导班子，带领常开全体员工以赶超国外先进为目标，艰苦奋斗，发愤图强，在资不抵债的情况下借款500万元引进CAD、CAM、CAE等先进研发工具，于1994年成功研发出具有20世纪90年代初国际先进水平的CM1系列塑料外壳式断路器，该系列产品被业内誉为"为民族争光产品"；1998年又成功研发出国家技术创新项目、国家重点新产品CW1系列智能型万能式断路器。进入21世纪，唐春潮又提出了"不断缩小与国外同行的差距，拉大与国内同行的距离，持续研发、生产具有国际先进水平的高技术产品"，到他退休前，常开研制出了具有当时国际先进水平的CM5系列塑料外壳式断路器和CW3系列智能型万能式断路器，令国外同类产品的大牌公司刮目相看。如今，CM1系列和CW1系列产品的产量虽然已经随着产品的迭代更新逐年减少，但唐春潮确定的创新性、先进性的产品价值定位，奠定了常开在国内外同行中定位高端、高举高打的基础。

2011年，常开的"接力棒"传递到以王春华同志为首的第二代领导班子手上。他们团结全体员工，不仅继承了上一代领导班子的优秀"基因"，而且有了新发展。这种"基因"变异使常开越变越强，抗风险能力与可持续发展能力越来越强。2020年6月，我到常开进行调研，深入了解他们自主创新的CM6系列塑料外壳式断路器和CW6系列智能型万能式断路器。这两个系列产品的自主创新，打破了以往只能跟随创新的局面，具有高精度测量、智能运维、智能互联、健康管理、多种保护等功能，独具匠心地打造了国内全新一代高端断路器新形象。这两个系列的产品无论是外观还是核心部件，均具有完全自主的知识产权，获得专利240项。我当时很高兴，给常开题词："十年磨一剑，常熟开关脱胎换骨。"

科学技术是第一生产力，是先进生产力的集中体现和主要标志。希望常开认真学习贯彻习近平总书记关于"新质生产力"的重要讲话精神，勇闯"无人区"，敢登"高寒带"。

科技创新，人才是关键。常开要充分利用长三角一体化发展战略机遇，积极探索人才引进新模式，创新实施柔性引进高层次人才方案，让企业科技创新葆有源头活水。

智能制造，把握未来发展机会

智能制造是推动制造业高质量发展的主要方向，也是我国实现新型工业化的重要路径。

常开十年来在智能制造方面取得了可喜成绩，"基于工业互联网平台的用户端电器智能制造系统的研制与应用"入选工业和信息化部的智能制造新模式应用项目。

正是以信息化和数字化为基础，常开的智能制造步伐走得更稳，步子也迈得更大。《常开续忆》中对此有诸多描述，甘苦得失，寸心自知。在我看来，目前常开的智能制造取得了三个方面的成果：一是产品的数字化、网络化和智能化控制；二是产品生产制造过程中的数字化、网络化和智能化优化管理，即提高质量、降低成本、缩短交货期，在提高效率与效益的同时实现绿色制造；三是为用户提供产品售后的维保服务、在线检测和定期健康检查，用PDCA（计划、执行、检查、处理）的方法获得大量数据，进而为改进产品、研发新产品及优化生产流程服务。

值得一提的是，常开把在生产实践中创造的Know-How（技术诀窍），纳入计算管理系统中，即Know-How的软件化。我在常开的模具车间、冲压车间看到断路器的钣金零件，都是采用折弯工序的级进模加工出来的。由于板材的种类、厚度、大小不同，因此具体系数也不同，将这些有规律的经验数据软件化，纳入CAD开发软件中，就可以实现加工过程的智能化，同时提高生产效率。离散型制造中的Know-How软件化是一个重要的发展方向，常开的这一做法，值得国内其他工业企业借鉴。今后，常开要准确把握人工智能发展的趋势，加强人工智能与制造业的融合创新，让人工智能为企业高质量发展提供新动能。

在高质量发展中实现共同富裕

共同富裕，是中国特色社会主义的本质要求，是全面建成社会主义现代化强国的核心内容，是中国式现代化的重要特征，是人民群众的共同期盼。

多年来，常开一直坚持走共同富裕道路，兼顾效率与公平。常开在不断做大"蛋糕"的同时，努力分好"蛋糕"。经济学的初次分配具有多种方式、多种结构、多样性质的特点。常开是混合所有制企业，从股权结构来看，只有分红权，没有所有权。正因为所有权属于集体，不但不会产生剥削，反而能调动全员的积极性，这种特殊形式的所有制正确处理了国家、企业和个人的利益关系。而"人退股退"的方式，使得老员工的股权被收回后供新员工流转，这是一种适合社会主义多种经济形态共存的好模式，同时是唐春潮留给常开的珍贵财富，也是他对常开的最大贡献之一。从第二次分配来看，2008年以后，常开的股权结构发生重大变化，从一个民营企业变成混合所有制企业，其中，国有股占20%，到2013年国有股增加到30%。常开的经济效益稳步提升，国家获得的分红也十分可观，同时，常开每年还足额向国家纳税。可以说，常开对国家和社会作出了很大的贡献。

常开积极发挥第三次分配的作用。前后两任董事长在发展好企业的同时，大力弘扬中华民族"扶危济困、扶贫救弱"的传统美德，积极参与助学、助医、助残、助农、帮困、养老、赈灾、抗击疫情等慈善公益捐助活动。从1993年至今，常开积极向社会各界捐款，款额达到5000多万元。

同时，常开注重培养知识型、技术型、创新型职工队伍。早在常开第一代创业人唐春潮任职期间，常开就与河北工业大学联合办学，为企业培养了一批高质量人才，现在他们已经成为常开的中坚力量。而在王春华接任董事长以后，他采取各种形式对管理层和员工持续进行培训，并建立了一套激发员工辛勤劳动、诚实劳动、创造性劳动的活力机制，建立畅通向上晋升的通道，让每个员工都拥有人生出彩、梦想成真的机会，员工的收入也年年增长。

今后，常开在企业高质量发展中，如何继续促进共同富裕，形成中间大、两头小的橄榄型分配结构，还有很多工作要做。希望常开的同志们能为后来者做出榜样。

是为序。

原机械工业部副部长

沈烈初

序二

江南好，风景旧曾谙
——写在《常开续忆》出版之际

2023年春深时节，带着老领导沈烈初[①]的嘱托，又邀请了老友高梁[②]与中国工业报社副总编严曼青及记者徐如玉一行，我应常熟开关制造有限公司之约对其重访。

一别十年，我已退休八年有余，其间偶尔从沈烈初老部长处听到常开的消息，总是一如既往地好，不由得发出托尔斯泰式的感叹：好企业都是相同的！十年前我带着一个大大的疑问采访常开，这家做低压开关断路器的企业，其利润率显著高于机械行业平均数，也高于同行业企业。而以人们一般的认识，低压电器一直是竞争激烈的行业，当年从温州乐清柳市镇打假开始，于乱军丛中杀出的以正泰集团股份有限公司（简称"正泰"）为代表的一批优秀民营企业，把低压电器做到了性价比最优，常开这家国企改制企业又如何能在低压开关断路器上遥遥领先呢？

十年前的采访比较深入，后来我们写出了十余万字的《常开记忆》，回答了这个问题：首先是常开领导班子果断作出了研制跨越一个时代的塑料外壳式断路器的决策，其次是不断调整企业生产关系以适应生产力发展的需要。

[①] 沈烈初：原机械工业部副部长，曾任国务院机电产品出口办公室主任。
[②] 高梁：经济学家，曾任国家发展和改革委员会宏观经济研究院经济体制与管理研究所研究中心主任。

当然，这是一个很笼统的答案，其过程千头万绪、百转千回，但无论如何有一个人是最关键的——时任厂长唐春潮。

凡做企业，国有、民营都算上，一把手非常重要，成也败也，概莫能焉。唐春潮退休之前做了很多大事，有些事甚至石破天惊[①]，但我认为最重要的一件事是选定了接班人。

接班人王春华带领常开继续前行。经历了新常态下市场的跌宕起伏，以及猝不及防的新冠疫情，常开风雨不动，波澜不惊，连年报捷。常开这十年，在严曼青所著的《常开续忆》中有着详细的记述，描绘了一幅生动真实的群英图。我荣幸地成为这本书的第一读者，所获颇丰。

一方水土养一方人。常开是生长在姑苏常熟的企业，其员工基本是常熟人，即使从外地引进的技术骨干，最后也成了常熟女婿或媳妇。江南的山水风物养成了姑苏文化独特的气质，常开的根深深地扎在江南文化的沃土中，其江南气质尤为显著，精明、诚信、务实、圆通。表现为从上到下做事都追求圆满极致，精益求精、精耕细作、精打细算、精雕细刻，所谓精明也；常开的市场做得别开生面，有板有眼，源于江南人善经商、重诚信，言出必行、一诺千金；做企业要一个产品一个产品地做出来、卖出去，全是实在事儿，常开尤甚，不事张扬，清通简要，领导躬身入局，职工埋头苦干，很务实；至于圆通，江南人性情柔润，胸襟开放，做事灵活，善变通，这些特点在常开经营管理层很常见。

其实江南文化中还有因经商精神演化出来的敢闯敢干、果断执着的品性，不乏雄俊耿介之士，这在常开上一代领导者唐春潮身上表现得尤为鲜明——杀伐果断，锐意进取。相比较而言，唐春潮是"打江山"的人，现任董事长王春华是"守江山"的人。王春华执掌企业十年，使常开保持国内同行领先的地位，品牌影响力进一步加强，生产线工艺不断进步，自动化程度显著提高，质量管

---

① 常开经历了一系列国企改制，到2011年时形成全员持股、管理者持大股的局面。此时唐春潮卸任，并设立了"退休退股"机制。新华社据此进行专题报道，称其为"突破性尝试"。

理精益求精，抗风险能力与可持续发展能力越来越强，自主创新的 CM6 系列塑料外壳式断路器和 CW6 系列智能型万能式断路器，打破了以往跟随创新的局面。值得一提的是，常开把在实践中积累的 Know-How——技术诀窍，纳入了数据管理系统，即 Know-How 软件化，实现了加工过程的智能化，可喜可贺。

当然，处于国内领先地位的常开与国际一流电器企业相比，在原创技术研发、引领发展潮流等方面还有一定差距，用常开人的说法，现在自己的位置是稳居"夹心层"。所谓夹心层，就是夹在国外先进企业和国内同行之间，全力"拉大与国内同行的距离，缩小同世界同行的差距"[1]，努力"让自己始终停留在夹心层的位置"。由此我想到了另一位被我采访过的企业家——济南二机床集团有限公司（简称"济二"）原董事长张志刚说过的一句话：我们做产品，就是要到奥运的赛道上，和国际顶尖的选手去争第一。济二果真做到了。

每个企业的境遇不尽相同，有些是一骑绝尘的领军企业，有些是独当一面的"隐形冠军"，况且低压电器国际"三大家"——ABB、西门子、施耐德电气都是在电器行业门类齐全、产业链完整的"巨无霸"，常开与其难有可比性。但无论是铁马秋风塞北，还是杏花春雨江南，总是寄望于我们的企业，风雨兼程、努力争先。所谓"生于忧患，死于安乐"，"夹心层"不是安乐窝，面壁者最终要成为破壁人，否则要面壁何干？尤其是在当下，面对百年未有之大变局，国内外形势正在发生深刻复杂的变化，在"小院高墙"强敌环伺的阴霾下，中国工业尤其需要有一批优秀的排头兵企业站出来，成为全面建设社会主义现代化国家的中流砥柱。更期望常开增加跨越式发展的内生动力，挺身而出，完成向高端化、智能化、绿色化转型，百尺竿头，更进一步。

中国工业报社原总编辑
杨 青

---

[1] 杨青，严曼青，王瑞：《常开记忆：常熟开关制造有限公司建厂四十周年纪念报告》，电子工业出版社，2014 年，第 163 页。

目录

引　子 / 001

第一编　破阵子　/ 003

第一章　关键零件的自主化 / 005
第一节　质检科长退休引发的思考 / 006
第二节　"三没有"的模具研发任务 / 009
第三节　"做别人没做的事" / 013

第二章　自动化制造 / 017
第一节　吃个"螃蟹"又何妨 / 018
第二节　一次长谈 / 020
第三节　不争、不辩，只做 / 024
第四节　行业首条自动化生产线 / 027
第五节　"没有人卖，我们自己做" / 030

第三章　常开制造体系 / 034
第一节　整顿"菜市场" / 035
第二节　"苦恼人"的笑 / 038

第三节　常开的 CPS　/041

第四章　成套不做，元件不保　/044
第一节　"做"与"不做"　/045

第二节　"黄埔军校"　/049

第三节　成套的光伏之路　/050

第二编　满庭芳　/053

第五章　紧跟形势的新品开发　/055
第一节　塑造"中国面孔"　/056

第二节　推倒重来的 CW6 结构　/059

第三节　"中国芯"当自强　/062

第四节　被否决的设计方案　/064

第五节　打造两个爆款　/068

第六节　CW6 的线上首发　/071

第六章　常开技术特色　/075
第一节　预研独立　/076

第二节　分离与融合　/078

第三节　对技术人员的倾斜　/081

第四节　凭空营造的"夹心层"　/084

目 录

第三编　浪淘沙　/ 089

第七章　客户群再定位　/ 091
第一节　画两张像　/ 092
第二节　元件销售的套路　/ 095
第三节　捕捉新市场的新龙头　/ 098
第四节　六年敲开华为大门　/ 101

第八章　销售变革　/ 105
第一节　定位高端的"3332战略"　/ 106
第二节　集中力量"办大户"　/ 109

第九章　十年攻克苏州地铁项目　/ 113
第一节　夺回家门口的生意　/ 114
第二节　成套生产的过程控制法　/ 117

第十章　国外市场的突破　/ 121
第一节　海外市场的首个订单　/ 122
第二节　疫情之下的沙特之行　/ 125
第三节　一则招募令　/ 127

第十一章　科服公司的破冰　/ 131
第一节　一纸军令状　/ 132
第二节　激烈的年终评议会　/ 135

第四编　水龙吟　/ 139

第十二章　建立核心竞争力　/ 141
第一节　质量的理想与现实　/ 142
第二节　质量管理的"三驾马车"　/ 145
第三节　管理的 IT 化　/ 148
第四节　"今天发现问题了吗"　/ 152
第五节　永葆创新核心　/ 155

第十三章　利润之上　/ 159
第一节　续写传奇　/ 160
第二节　全员持股的新挑战　/ 163
第三节　一个企业和一个时代　/ 169

后　　记　/174

引子

2010年12月22日，这是一个令王春华难忘的日子。

这一天，常熟开关制造有限公司（简称"常开"）召开了第四届董事会第二十五次会议。会上，唐春潮因年事已高，辞去公司董事长、董事及法定代表人职务。董事会选举王春华担任公司董事长，为公司法定代表人。

唐春潮留给王春华的是一个低压电器行业的传奇企业。常开从一个濒临倒闭的地方国营小厂，经过二十多年的发展，不仅开创了行业产品研发和销售的崭新格局，而且成为当时行业里唯一能与跨国公司抗衡的中国企业，在中国低压电器行业乃至工业界留下了一段不朽的佳话。

打江山不易，守江山更难。

这一片江山，让王春华感到身上有了沉重的担子。

敢问路在何方？

在常开的会议室，王春华坦言："当时压力确实非常大，从一个执行者突然转变为一个决策者，对我而言是一次巨大的考验。社会上也有不少质疑的声音：王春华到底能不能搞好开关厂？面对社会各界和全厂上下关注的目光，我夜不能寐。我在想，常开是我梦想的起点，在这里，我挥洒过青春汗水，留下了奋斗足迹，常开可以说是我事业的全部，我已将整个人生融入这个企业。现在，作为企业的'掌门人'，我必须昂首挺胸、勇往直前，带领大家踏上新的征程。"

接任以后，萦绕在王春华脑中的都是这些问题：

如何让常开持续发展？

如何让这样的一个企业继续日新月异？

如何让这样的一个领军企业继续保持领先？

如何让这样的一个企业有进一步的突破？

不管是工作的间隙、吃饭的当口，还是临睡前的沉思之时，王春华都在想这些问题。带着上一代的期许和行业的寄望，他要有新的作为，他要排兵布阵，他要让常开基业长青，他要把这个中国企业带向世界。在这里，他不仅有一颗忠诚的常开人的心，时时想常开所想，为常开所欲为，而且在内心深处还洋溢着作为一个中国人的昂扬的民族意识。从接过常开大旗的那一天开始，他就决心要让这面大旗在世界舞台上迎风飘扬。

第一编
破阵子

醉里挑灯看剑,梦回吹角连营。八百里分麾下炙,五十弦翻塞外声,沙场秋点兵。

——《破阵子·为陈同甫赋壮词以寄之》

(宋)辛弃疾

第一章　关键零件的自主化

　　接任董事长之后的很长一段时间里，王春华牵肠挂肚地思考一个问题：如何保证常开的持续发展？

　　直到有一天，他豁然开朗。

　　第一步是从零件着手，具体做法是先从外协厂那里把零件的生产拿回来。

　　断路器作为常开的最终产品，其质量的源头在哪里？在于零件。

　　如何提高零件的质量？一是加强检测方法的改进，使得检验标准化、制度化；二是零件需要自制，特别是关键零件。

　　自制零件的关键点在哪里？在于机构零件的制造。

第一节　质检科长退休引发的思考

还是早上5点，不用闹钟，王春华就自然醒来，这是他近几年来养成的习惯。

之所以这样，是他发现自己有点变化。以前他能一觉睡到天亮，但这几年，他总会在凌晨三四点醒来，再入睡十分困难。白天的工作非常繁忙，像这样一天只睡三四个小时，身体怎么能应付得来？于是，"总是有办法"的他，想了个办法：即使晚上有应酬也尽量在九点以前结束，九点半准时上床睡觉。这样一来，即使他每天还是在凌晨三四点醒来，但总的睡眠时长却能够达到六七个小时。只要王春华在公司开会，隔着会议室的门都能听到他的讲话声，而王春华从来没有为他的大嗓门感到不好意思，每次都是笑哈哈地说："他们说我中气足！"

按照惯例，王春华每天醒来的第一件事，就是安排一下当天的主要工作。不过这几天他一直在思索的一件事就是，常开在他的任期内，如何保持竞争力，挺立潮头。思来想去，头绪众多，一时无解，倒是昨天发生的一幕浮现在他眼前。

昨天，品质保证科的人来找他："王董事长，我们的老科长，不能让他退休啊！"

王春华很纳闷，口头禅脱口而出："为什么？"

"他走了以后，我们不知道哪些零件能用，哪些不能用。"

王春华更是一头雾水，接着问："为什么？不是有零件的相关生产标准吗？"

"就是全部按照图纸生产出来的零件，也不一定都是合格的，只有他检验过的才合格。"

听完此话，王春华沉默了。他倒不是在想该不该让老科长退休，反而是另外几个问题引起了他的思考：为什么零件按照标准生产了还可能不合格，这样的话，标准还有什么用？如果关键岗位只能靠人治，不能靠制度约束，那这个企业以后还怎么运转？零件的生产现在怎么样了，是怎样保证质量的？

"实践出真知"，回想起昨天的情景，王春华突然想起这句话，一骨碌从床上坐起来，他想先去零件生产现场看看。

断路器是电器开合的设备，根据电流规格，其外形大小不一，从几厘米到几十厘米见方不等。看起来尺寸不大，但它的零件却可达上百种，包括机构、触头、连杆等。当时的常开，大部分零件都在外协厂生产。在公司办公室的安排下，王春华很快来到一家外协厂。

来之前，王春华已经拿到了这家外协厂的零件合格率数据。他看着有些凌乱的生产现场，对厂长说："你们的产品合格率要提高啊，现在这样的话，我们怎么用呢？"

看到常开的董事长来了，这位厂长可算是找到了说话的机会，他一个劲儿地向王春华倒苦水：常开的要求高，交货时间又短，现在工人的工资越来越高，管理越来越难。对于如何改进零件质量，厂长却只字不提。

王春华一直听着，没有说话。

随后的几天，零件的质量问题一直萦绕在他心中，直到一段时间后他见到了中国台湾的一家同行。

在参观了这位同行在大陆开设的一家工厂后，王春华照例不放过任何一次学习交流的机会，拉着这位老板聊天。

"你们是知名企业，肯定有很多成功的经验，不过今天我倒是想问问，你们有没有失败的教训？"

一句话点到了这位老板的痛处，他叹了一口气，说："我们最大的一次失败就是，当初产量高的时候，把塑料外壳式开关的冲压件统统拿到外面去做，导致开关的质量没有得到更高的提升。"

王春华听了一震，这不就是他想找的答案吗？

他现在面临的最大问题是，如何保证常开的持续发展。而企业要想持续发展，技术、生产、销售、管理，每一环都很重要，每一项都需要抓实抓好，但企业竞争力该从何处实现，千头万绪的第一步又该落在哪里呢？

几个月来，王春华都在思考这个问题。从今天的这句话，联系到近来发生的事情，他豁然开朗。

要实现常开的持续发展，他的第一步应从零件着手，从外协厂那里把零件的生产拿回来。

断路器作为常开的最终产品，其质量的源头在哪里？在于零件。

怎样提高零件的质量？一是加快检测方法的改进，使得检验标准化、制度化；二是零件需要自制，特别是关键零件。

自制零件的关键点在哪里？在于机构零件的制造。从目前常开的模具设计和生产来看，已经从单模跨入级进模的阶段，但级进模的数量有限。

从产品上溯到零件，从零件上溯到模具；从外协到自制，从单模到级进模，王春华日后所走的这条路被实践证明是抓住了断路器产品质量的核心，也引领了常开实现高质量发展。然而眼下，当他把这一想法公开表达后，第一个问题就来了："那些外协厂跟了我们这么多年，怎么能说不让他们做，就不让他们做了呢？"

在常开工作二十多年，王春华跟外协厂的厂长们都很熟悉，有些还是多年的朋友。然而在收回冲压零件生产这件事上，他问心无愧。他是常开人，对常开有利的就做，不利的就摒弃，这已经是他多年的行为准则。由自己来主导零件的生产，肯定会对常开有益，因此他宁可得罪人，也要坚持自己的做法。对于多年的朋友，他存下一个心思，那就是日后建设供应商体系时再带上他们，当然这是后话了。

第二节 "三没有"的模具研发任务

2013年春节过后，时任工装工艺科副科长的陈震接到一个任务：在继续完成新开级进模50副的基本任务之外，再开展模内攻牙的技术攻关。

模内攻牙是模具制造的复合工艺，在当时属于行业领先技术。将此应用于低压电器的零件制造，面临的技术难点很多，操作难度很大。这不由得让陈震想起了五六年前那段"从无到有"的艰苦磨炼。

2007年，由于常开生产规模的扩大，对零件的批量生产要求提高，加上当时行业开始应用级进模进行冲压件的冲压制造，因此王春华力主采用级进模。常开塑料外壳式断路器冲压件的级进模制造被提上日程，具体任务执行落实到工装工艺科。因为曾经去日本富士电机株式会社学习过模具技术，后来又借调一段时间到常开的合资公司——常熟富士电机有限公司协助常开开模，当时还只是工装工艺科技术员的陈震被委以重任。

当时常开的金属零件制造多为外协加工，都是采用单模加工的，即一个零件的一道工序结束，就要更换一台冲床、一副模具、一名操作工。零件冲压的速度慢、效率低。早在2002年，时任常开董事长的唐春潮就意识到这个问题，派遣了2名技术人员、2名技师去日本富士电机株式会社学习先进模具的设计及其制造技术，时间长达2个月，并为一车间配置了几台价格不菲的模具制造设备。

其实在断路器的生产链条上，模具的设计和制造属于零件的加工领域，本应该由零件供应商解决。对于终端产品断路器的生产商而言，要介入上游这个前道工序，并不是一件容易的事情。此后几年，模具制造工作推进得并不理想，以至唐春潮一度说过"要把一车间模具设备卖掉"。当时王春华是总经理，他非常理解唐春潮的"爱之深，责之切"，所谓"卖掉"也不过只是一句气话。因此他在心里许下一个愿望，一定要把模具制造做起来。

陈震并不知道这些详情，他眼下最发愁的是自己所做的工作属于"三没有"：没有可供参考的资料，没有先例可循，没有可借鉴的经验。要完全靠自己的力量独立构建公司的级进模冲压工艺，这不仅对于陈震，就是在常开历史上，也是头一回。而且与单模冲压相比，级进模冲压是当时最先进的模具生产技术，国内能够掌握该项技术的企业也没有几家，其技术难度极大。要想设计得当，不仅要懂得模具设计的诀窍，还要精通零件全流程的制造工艺，就像陈震多年后深刻体会到的："模具制造的难点，难在工艺方案的制定。"另外，陈震当时还有一个巨大的压力是：一旦模具设计失败，废弃的一副模具的价格高达几十万元。

不过在王春华的头脑里，似乎没有太多对于困难的设定。他一方面给陈震等人鼓劲："我跟你们一起研究，二十年前我在学校读书时就加修过冲压专业这门课。"另一方面，他为陈震兜了最大的一个底："你们只管弄，即使失败了也不要紧。"其实，王春华并不是随便打包票，因为他在模具行业调研了一段时间后发现，虽然整副模具的价格昂贵，但坏损的部分可以替换，财务损失风险整体可控，所以他才敢拍胸脯。

将设计环节落实到工装工艺科之后，王春华又把一车间的钳工王阳民调到了模具组。自学考试大专毕业的王阳民凭借突出的技术表现，曾被选拔去日本学习，后来在一车间担任模具钳工。自从 2007 年加入模具组后，他就一直扎根模具制造领域，直至闯出了一片天地，不仅当选为常熟市和苏州市的劳模，还成立了以他的名字命名的"模具制造技能大师工作室"，而且在历练多年后成为为数不多的从工人岗位提拔起来的中层干部。

人员配置齐全，又购置了两台冲床后，王春华亲自确定了冲压件模具的品种，即锁扣模具，"不能太简单，又不能太复杂，有一定难度，再努力一下就能达到"，并拨出 1 万元作为奖励。

经历无数次设计、制造、失败、修改、再修改，一年后，常开历史上第一副自制级进模终于诞生了。王阳民对此记忆深刻，以至于十多年后的今天他都能脱口而出第一副模具的序号：105-247。

就在大家沉浸在成功的喜悦之中时，王春华给模具组定下第二年攻关 30 副级进模的任务。从 1 副跃升到 30 副？大家面面相觑，感到有难度。王春华仿佛看出了大家的心思："你们试试看，没试怎么知道不可能？"试下来，任务果然完成了。

随后的几年，常开就在这种"试试看"的实践哲学指导下，模具制造不断取得进展。每年开模的规模为40~50副，然后推广精密度高的零件：冲压车间的关键零件全部采用级进模加工。工装工艺科级进模设计人员增加到5人，并逐步形成了常开自己的模具制造标准和规范。

2013年，工装工艺科接下的"模内攻丝"的科研任务，再次考验着常开的能力。

所谓模内攻丝，就是在模具内打上螺纹，这样经冲压出来的零件就自带螺纹了，后期无须螺纹加工。虽然三年前，工装工艺科参照常熟富士电机有限公司模具的结构，做过一副有攻丝的模具，但由于所参照的模具只能满足固定位置攻丝，且螺纹规格有限，因此对于这次多位置、多规格螺纹零件的运用，就没有可以借鉴的模板了。

周围没有学习的机会，王春华就安排陈震等人去标杆企业参观。但标杆企业的模具加工技术属于保密内容，哪有那么容易看到？好不容易到现场后，人家一听他们提的问题，就敏感地避而不答。这次参观，可谓无功而返，于是王春华要求他们自己攻关。为此，陈震等人查阅技术文献资料，制定模具方案，并去市场调研，经过一个多月的摸索，终于找到了比较适合常开的零件生产模式。但是，其中一个模具内的模块，售价就要四五万元。购买申请报告递到王春华那里，王春华二话没说，一下就买了两套。

又是将近一年的时间，模内攻丝的任务终于完成了。而随后的几年，工装工艺科在使用的过程中掌握了该模块的技术诀窍，后期又运用该模块形成了标准的模内攻丝解决方案，可以在不同的冲床中拆卸和安装，实现了复合加工的最大效益化。"模内多位置多规格攻丝"的任务终于完成，常开不仅能够应用模块加工出合格的零件，而且确定了自己的模具结构，使其成为常开模具的核心技术之一。

第三节 "做别人没做的事"

2013年以后，常开级进模的设计和制造进展很快，关键件的级进模加工已不在话下。然而，围绕是否需要全工序级进模加工时，常开内部展开了激烈的讨论。

以王春华为首的正方认为，当初采用级进模加工的核心是解决零件的质量问题。如果零件的所有工序均采用级进模，零件整体的质量还会进一步提高。

反方则认为，组成断路器的平均零件数量为100多个，由于产品型号不同，零件的数量多达上千种，如果全部采用级进模加工，既不经济也不适宜。

王春华一直是个行动派，每当出现分歧时，他更愿意以实际行动来表明自己的观点，而不是依靠辩论来说服对方。为此，他专门去一家常熟本地的日资冲压企业拜访，向对方请教：当零件的加工量达到多少时可以应用级进模？对方告诉他：只要加工量达到1000个以上就可以。王春华一听，心里暗暗高兴。常开的每一种零件数量无疑都达到了这个起始点，因此其中关于经济性、适宜性的争论不辩自明。

正反两方还有一个争论点在于，当时常开的模具，已经有一半以上都是级进模的，剩下的小部分单模加工的零件质量检测都是合格的。如果全部采用级进模，一是技术难度大，二是从行业来看，几乎没有哪家企业是采用级进模全工序加工方式的。

在这个问题上，王春华远远不能同意零件只是合格的想法，他关心的是单模加工的零件合格率相比级进模加工的低多少，什么时候能提高上去。而且在王春华看来，不应该只是因为标杆企业或别的企业做过某件事，常开也去做，为什么不能尝试一些别人没有做过的事呢？

如果仔细观察，会发现王春华在求真务实的一面之外，还会展示出理想主义的一面。"你能不能想一想，怎么才能做到常熟第一，然后再做到中国第一，乃至世界第一？"他在激励常开的干部们时，经常会抛出这类"直击灵魂"的问题。

在复杂零件全工序级进模的开发终于取得一致意见之后，陈震要做的就是组织完成全工序的级进模设计。

这注定又是一场难打的硬仗，在设计过程中确实遭遇了预想过的技术难题，即有些工序极难整合到级进模工序之中。比如，CM3-100系列塑料外壳式断路器的关键件"支架"后续有两道工序，一步是要旋转一个方向折弯，另一步是铆接。由于这些加工动作极其复杂，很难整合到模具加工中一次完成，因此这两道工序在常开一直采取单模加工形式，而且这也是行业比较通行的做法。"做别人没做的事"，在这样的愿景激励下，经过2022年一年的研究，陈震终于完成了看似高不可攀的任务。

在全工序级进模工作逐步开展之际，又一个问题冒出来：原有的单模要不要保留？对此，王春华给出明确意见：不同型号的单模只保留最重要的一件，且只保留一年，第二年全部卖掉。有人质疑："王总，如果10个级进模同时坏掉，该怎么办？"王春华反问："我们抢修这些模具需要多长时间？"当换一个思路去看待问题时，关于老旧模具去留问题的争执就戛然而止了。为了进一步说服大家，王春华还在公司会议上打了一个比方：当一个孩子已经学会走路的时候，他还需要再留着婴儿助步车吗？

作为一个企业的掌门人，王春华对于成本有自己的考量。

当初从单模推进到级进模，虽然投入的成本高，但级进模带来的是零件质量的提升；从关键件的级进模到全工序级进模，虽然成本还会增加，但零件质量却能进一步提高；对于单模的摈弃，看起来是固定资产的浪费，但去除的却是单模所代表的技术落后性。"纯粹看成本的话，好多事情就推不动了"，当成本与质量或者先进技术产生冲突时，王春华的天平就会向后者倾斜。

但是，王春华并不是不关注成本，恰恰相反，他非常注重企业的整体成本。

单就级进模而言，在他看来，初期的成本虽高，但后期肯定会递减；另外，级进模全面到位，所带来的是综合效益的提高，包括生产效率提高、人员减少，而最重要的是产品质量可控。因此级进模的成本从时间链条以及全局上看，其实是合适的。

而在整个企业层面，他花了很长时间去研究及总结常开的核心竞争力。

常开的优势在哪里？从20世纪90年代开始的技术及产品优势，与国外产品的质量不相上下，又有国内品牌的价格优势。随着时代的推进，国内外同行都在发力。国外企业在适应中国市场的过程中，不断推出经济型产品，并降低各项开支；很多作为后起之秀的国内同行企业，凭借上市之路，携重金迅速扩张，展示出不可小觑的实力。本来是要"缩小与国外同行的差距，拉大与国内企业的距离"的常开，深感遭受"前后夹击"的压力。而破解这一难题的方法，在王春华看来就是提高企业的整体效益，包括提高管理、生产、销售等诸多环节的效益。其中，提高生产效益的一个具体做法就是压缩成本。而采纳级进模这样的先进生产工艺和技术，其本质就包含压缩生产成本。

因此，尽管王春华在批复购买设备申请报告时经常大笔一挥，却会在开展零库存管理时要求采购部门，"像扫把这种日常用品在哪里都能买到，库存没必要放两个啊"，而且还将各项行政办公费用压到最低。

经过十年的艰苦努力，常开的模具设计和制造开始成为一个独特的竞争优势，设计周期由原来的 1~2 个月缩短到 2~3 周，制造周期从半年以上缩短到 30 天左右，全部模具已经达到 500 多副，级进模数量在 90% 以上，研究的问题也日益向深处发展。对于一车间主任黄韶平来说，前几年考验他们的倒不是模具制造的工艺水平，而是加工坯料的问题。随着零件种类的增加，零件外形尺寸以及厚度的增加，加工坯料也更大、更厚。因此普通的加工中心已经切不动坚硬的钢坯，不仅需要引进高速铣床，配置更快的刀具，而且还要更换钢坯种类。但制造环节就是一个漫长的打磨过程，即使购买的新钢坯通过了入厂检测，各项指标已经达标，然而在实际加工过程中仍然会出现种种问题。因此在更换了几轮钢材供应商之后，他们才摸索到大尺寸零件的模具制造方法，使规格较大的智能型万能式断路器零件质量得以稳定。这也引得曾经的"师傅"常熟富士电机有限公司，反过来向常开请教。

从无到有，从有到优，级进模给常开带来了质量和效益的改变。零件精密性的保障，不仅提高了断路器的质量，而且为下一步的自动化装配打下了基础。

第二章　自动化制造

有一年，王春华去日本富士电机株式会社参观，发现对方车间里有自制自动化检测和装配的生产线，并专设了一个部门用于管理非标设备的制造。"原来这种设备还可以自制？原来自制的设备运转起来这么好！"王春华一眼看到这些设备，就舍不得挪开眼睛，一直盯着看，被催促了几次才慢吞吞地跟上了参观队伍。

"我们什么时候也能自制出这样的设备？"回来的路上，王春华就心心念念着这些设备，想着该如何开展这项工作。

2014年下半年，常开制定了一个当时看起来高不可攀的任务：打造行业首条自动化组装生产线。为此成立的专项工作小组，由工装工艺科、组装工艺科、动力设备技改科、计算机中心以及生产条线的四车间等部门负责人组成，王春华亲自担任该组长。

第一节 吃个"螃蟹"又何妨

如果在三十年前,走进国内任何一家低压电器制造企业,往往会看到车间里坐满了员工,而且以女工居多。因为一般的低压电器产品体积较小,劳动强度低,手工作业程度高,而且因为零件多,装配环节多,层层的检验环节也多依靠人工,更是加剧了对劳动力的消耗。劳动密集型、检测环节多是这个行业的普遍特点。

早在二十多年前,常开就意识到了设备自动化的重要性,而最初的设备自动化大幕先是从检测环节拉开的。

2002—2008年,常开陆续从沈阳新松机器人自动化股份有限公司购买了6条自动化检测生产线,不仅节约了人工投入,而且提高了产品质量,效果确实不错。

2008年,王春华去日本富士电机株式会社参观,发现对方车间里有自制自动化检测和装配的生产线,并专设了一个部门用于管理非标设备的制造。"原来这种设备还可以自制?原来自制的设备运转起来这么好!"王春华一眼看到这些设备,就舍不得挪开眼睛,一直盯着看,被催促了几次才慢吞吞地跟上了参观队伍。

"我们什么时候也能自制出这样的设备?"回来的路上,王春华就心心念念着这些设备,想着该如何开展这项工作。思来想去,他想起来厂里有动力设备技改科的员工。让他们试试?尽管王春华考虑到这些员工没有一点制造设备的经历,但不做怎么知道能不能行呢?抱着试一试的态度,他回厂后决定由动力设备技改科负责制造设备。

此后，动力设备技改科于 2008 年成功研制出第一台国内外首创、具有世界先进水平的断路器触头全自动焊接工作站；2010 年自主设计、制造了一条户内高压真空断路器检测生产线；2011 年自主研发了第一台 CM 系列塑料外壳式断路器检测流水线；2013 年自主研发了第一台 CW 系列智能型万能式断路器检测流水线。

2014 年开始，常开在设备自制的道路上走得更远。

这一年，在原动力设备技改科的基础上，新增了一个组装工艺科，再加上工装工艺科，常开内部一下子有了两个工艺科。这种在行业内独一无二的部门设置，深意何在，别说常开当时的基层员工，就是组装工艺科的首任科长周振忠也不太明白。

这还得从 2013 年底的一次谈话说起。

2013 年 12 月 25 日，王春华把时任技术七科科长周振忠叫到办公室。

"我碰到一群业内的人，他们跟我说，国外品牌的产品质量多么地好，国内品牌如何地不过关。我窝了一肚子气，本来想跟他们说，那是因为你们没用过常开产品，但又不好直说，只能跟他们介绍了一大堆指标。"

每次王春华出差回来都会先跟同事聊聊外面的情况，而且一说起来十几分钟也打不住，周振忠很了解这一点，一直认真地听他讲。

王春华一直说得嗓子都要冒烟了，才抓起茶杯喝了一口水，调转了话头："当然和一些世界上的先进同行比起来，我们的制造过程还比较传统，所以我想在制造方面做些新的尝试，成立一个组装工艺科，你觉得怎么样？"

周振忠一愣，之前没听说过啊。不过对于有着整整二十年工龄的他来说，这个突然冒出来的问题难不倒他。他思忖着，从名称来看，这个科室应该与生产、工艺相关。不过公司已经有一个动力设备技改科了，怎么感觉这两者的工作内容有类似之处呢？

王春华听了他的想法后笑了，没有摇头但也没有点头："你说对了一半。我最近一直在琢磨怎样提高常开的核心竞争力。与同行相比，我感觉常开的制造过程比较传统，制造水平还有待提高，希望你能在制造方面尝试一下。"

说罢，王春华走到周振忠身边拍了拍他的肩膀："振忠，你去当这个科长吧，我相信你是喜欢吃'螃蟹'的！"

周振忠进厂二十年，一直从事技术工作，先后任技术六科副科长、技术七科科长，主要负责成套及双电源等产品的设计工作。组装工艺科的名字更像是技术与生产的结合，其实对他来说是比较陌生的领域，他能行吗？

王春华的语气听起来是商量，其实是决定。

直到此时，周振忠才明白王春华此次找他谈话的目的。

"技术上可以有分歧，管理上绝对服从"，是常开多年来形成的一种企业文化。周振忠听到此处，虽然内心感受到很大的压力和困难，但仍是点点头。

第二节　一次长谈

2014年1月1日，组装工艺科正式成立。

这个独特的科室名称是王春华琢磨出来的，自然只有他自己最清楚其中的意义。

应该说，其成立的初衷源于王春华与"何大"的一次谈话。

就在王春华接任董事长不久，在低压电器行业的一次会议上，他见到了中国低压电器行业的知名专家、上海电器科学研究所的原所长何瑞华。因其几十年在中国低压电器界举足轻重的地位，业内人称他为"何大"。

"何大，好久不见啊，一直想向您请教一个问题。"王春华抢上一步，双手紧紧握住何瑞华的手。

"咳，尽管说！"何瑞华此时已年近七十，任职所长期间就是常开的常客，与前董事长唐春潮关系密切，后来虽然从研究所退休，但仍在业内任职。他与常开常来常往，对常开的情况就算不是了如指掌，也是非常熟悉的。

"您也知道，我最近刚接任董事长，身上的担子重啊！我正想着向您请教，看下一步怎么走好呢？"

"春华，你言重了。你在常开做了二十多年，应该是深有体会的。"何瑞华笑道。

"哪里哪里，您是行业老专家，还得请您指点指点。"王春华再次热切而真诚地看着何瑞华。

"真的想听听我的想法？"

"当然！"

"常开的技术和产品已经在行业里奠定了优势地位，我建议你从设备入手"，看到王春华专心聆听，他停了一下接着说："目前国内行业还是以人工为主，自动化程度与行业'三大家'（'三大家'指低压电器行业的法国施耐德电气公司、瑞士 ABB 公司、德国西门子公司）相比还有很大的差距，你是不是能做一条自动化装配生产线？"

王春华听后，心中不由得一动。

常开从 2008 年开始涉足设备自动化的自制，到 2013 年已经具备了部件单机和检测单机的制造能力，虽然数量并不多，但已能满足企业自身需求。装配设备和检测设备虽然都是断路器制造的装备，但由于结构和思路完全不同，因此常开虽然能自制检测设备，但并不等于能自制装配设备。这几年他不断在标杆企业参观，也曾萌生过自制装配设备的想法，但装配与检测技术点不同，难度更不在一个层次上，用一支检测线的制造队伍能做出装配线来吗？王春华心里其实一直在打鼓。此时何瑞华的一席话触动了他的心思。

王春华听了之后一拍掌，本来就中气十足的声音一下子又提高了声调："您说到我心里去了！我也想朝这个方向干，但总觉得时机还不成熟。"

听得此言，何瑞华停顿了一会儿后，"嘿嘿"一笑："你不是新上任吗？总得有点自己能拿得出手的东西吧？"

王春华低下头只是笑着搓手，这位"老江湖"又说中了他的心思。

在很多常开员工的心目中，王春华是个销售出身的领导。其实，他的技术底蕴也很深厚。

1980 年，17 岁的王春华考上了无锡机械制造学校（即现在的无锡职业技术学院），学习机械制造专业。1982 年，他毕业分配到常熟市千斤顶厂（即现在的江苏通润机电集团）担任技术员。说是技术员，其实是设计、制造、工艺都要负责，因为当时的工厂规定每位技术员分管一个产品。七年之后，王春华被调入千斤顶厂下属的通用电器分厂，专门生产开关柜。王春华后来才知道，之所以有这次调动，是时任通用电器分厂厂长、后来担任常开董事长的唐春潮的"点将"。原来，王春华在调任之前曾协助分厂做过开关柜中的一个机械产品的设计及后期安装，其专业水平和吃苦耐劳的精神给唐春潮留下了深刻印象。在通用电器分厂的三年里，王春华很快被提拔为技术科长，后来兼任生产科长，一边管理生产，一边负责技术。

1992年进入常开之后，王春华担任成套电器设备分厂厂长五年，由于成套开关柜业务的特殊性，他仍然是生产、技术、销售一起抓。2003年担任公司副总经理之后，他才主抓元件销售业务。

回顾从1982年参加工作到2013年的三十一年，王春华真正从事销售工作其实是在担任销售副总经理的十年间，相比之下，他在技术及综合管理方面的工作时间更长。只是在常开员工的眼里，他们更多地接触到的是近十年来从事销售工作的王春华。随着王春华身上销售色彩的加重，反而让大家淡忘了他的技术出身。实际上，如果对王春华有深入了解，会时时发现他身上的"技术范儿"，那种凡事钻研琢磨到底、事事追求完美、注重细节的技术人员特质，正是来源于他早年学习与工作留下的深刻烙印。其实大家对王春华的技术风格也未必是淡忘了，可能认为那些"技术范儿"的元素本就是他性格中自带的部分，只是没有将此与他多年的技术积淀联系起来。

2013年，当王春华站到常开这个广阔的舞台上，开始综合筹措企业整体战略时，他感到无论是技术、生产还是销售条线都需要拿出更为深刻、深入，更具高瞻远瞩性的思路，同时为企业的持续稳定发展谋划开拓性的创新举措。

不管何瑞华是激将还是鼓励，不管是为常开着想还是提高整个低压电器行业的自动化装备水平，此时的王春华已经深刻认识到，自动化设备是产品质量的根本保证。他暗下决心，不管成败如何，也要奋勇一搏。

考虑到装配设备需要对产品装配的整个流程非常了解，琢磨了好一段时间，王春华决定成立这个在业内看来"怎么都有点奇怪"的组装工艺科。

第三节　不争、不辩，只做

　　自制装配设备的第一步该从哪条生产线着手呢？王春华针对销售数据和产品先进性研究了很长时间，最终拍板做 CM3-100C 塑料外壳式断路器的生产线。现在看来，当初的决策是非常正确的。

　　与以往的技术创新及产品研发不同，这种"开创第一"的项目，完全是从零开始的，具体应该怎么去做呢？项目组人员的心里完全没有谱。于是在随后两三年的时间里，王春华领着周振忠，以及时任工装工艺科副科长陈震、动力设备技改科副科长殷维等一群组员，陆续去日本富士电机株式会社参观了3次，每次参观为期一周。通过参观，大家受到了很大的启发。

　　经过多次会议讨论，项目组制定出一个由易入难的策略：首先是将整个生产线制造分成三期；其次是从"一头一尾"的单机，即从生产线的第一台设备和最后一台设备作为第一期入手，再逐个攻破整条生产线。

　　几个月之后，周振忠作为第一版设计方案的主创，拿出了自动化装配线的整体构架方案，交由项目组讨论，同时他还将第一期项目的首台方案，即位于生产线末尾的外包装自动化设备，交由组装工艺科进行设计制造。

　　也许是以前一直埋头于设计规划工作，无心顾及其他，直到进入试制阶段，周振忠才真切地感到公司内部的一些质疑声音。

　　首期的首台外包装设备进入试制阶段，搬到四车间现场试制时，没运转几下就卡壳了。由于有充分的心理预期，并做好了多次修改的准备，周振忠马上和小组成员们一起讨论研究该从何处改进。但这台设备好像跟他作对似的，改进了几次，还是不断地出现各种毛病。

这一天，周振忠把改进过的设备搬到车间里调试，不料又卡壳了，他只好猫身进去再次查看。由于这次调试临近中午，正值员工们的午休时间，一些员工围拢过来叽叽喳喳。

"这个设备改了这么多回，能改好吗？"

"真不明白，非要做这么个设备干嘛，还赶不上我们手工包装快呢！"

"是啊，一台自动化设备节省三四个人工，对于我们这么大的厂起个啥作用？"

其实在听到这些议论之前，周振忠对于自动化设备受到的质疑也有所准备。作为多年的技术人员，他深知一个企业最注重的是投入产出比。

首先，自动化设备如果运行成功，肯定会给企业带来收益，但如果前期投入太大，投入与产出就会不平衡；其次，对于常开当时拥有1700多人的企业规模来说，节省三四个人工，有如九牛一毛，运行绩效确实不明显；最后，在销售订单没有提前跟上的情况下，即使研制出来自动化设备，也派不上用场，反而会被批评为投入的浪费。因此，在设计设备产能时如何合理预估和配套将来的产量，是考验设计者能力的一个重要方面。

眼见围观的员工越来越多，话语也越来越杂，周振忠听不下去了，他在机器旁边停下来，对着周围的员工说："一些国外同行在用自动化设备，这是未来发展的方向，确实有用的。"

"有用，你也得造得出来？！"一位员工抢过话头。

周振忠打量了一下这位说话的员工，四十多岁的年纪，显然是公司的老员工了。

"一次造不出来,多造几次啊。"周振忠不紧不慢地回答。

"多造几次,那得浪费多少钱?你们花的那些钱不都是我们工人辛辛苦苦干出来的!"这位员工的一席话,让不少员工产生了共鸣。企业经过多次改制,常开全员持股,因此常开员工的主人翁意识很强。

看到其他同事曲解了他的意思,周振忠试图从技术角度对设备制造的可行性和已经成功的数据来说服员工们。但工人们听不太懂,也不愿意听他的解释,反对的声音很大。

眼看车间里聚集的人越来越多,攻关组的一位同事赶紧把王春华请到现场。

王春华当时正在跟一个部属谈话,听得此事马上赶了过来。

周振忠眼见来了救兵,终于得空清了下嗓子,本打算听王春华诲人不倦地摆事实讲道理,没想到他问清情况之后,只说了一句话,现场的员工就慢慢散去了。

王春华到设备跟前转了转,拨弄了一下零件,回头看看围了一圈的员工,说:"你们都觉得这个机器很烂,那我把它拿走,你们也不再用了,行不行?"

"不行,不行!"几个声音同时回答。

听了这个回答,连周振忠自己都觉得诧异,明明刚才一直在说设备不好的这些员工,怎么一转眼又要留下这个机器?

"振忠,那你接着修,修完了到我办公室。"王春华临走前对周振忠说。

看到走进办公室的周振忠仍然带着疑惑不解的表情,王春华说:"听听那些员工的回答，很奇怪吧。他们为什么不把自己觉得不好的东西扔掉呢？"

"他们还是觉得有点用吧。"周振忠回答。

"对啊。那在这一点上，你跟他们就是一样的想法。"王春华接着说："既然一样，你干嘛要去反驳？再说你自己认准的事情，你就接着往下做，一旦做出结果得到大家认可的时候，自然就没有人反对了。"

如果平时有人对他这么说话，周振忠肯定不会同意。在他这个技术干部眼里，万事理为先，而理不辩不明。但今天的这一次经历，让他深刻体会到，"不辩"反而更容易解决问题。

看他表情和缓下来，王春华又补充了一句："你去过几次日本，那些员工去过没有？你怎么想的，他们又是怎么想的，你反复说你是对的，他们能听进去吗？今天的事你回去再想想。"

后来的几年，周振忠一直记着王春华这几句话。每当遇到不同的声音，他就不争、不辩，只做。直到 2018 年，当常开的自制自动化生产线顺利获评工业和信息化部"智能制造新模式应用项目"时，所有异议终于消失了，而自动化设备所体现出的制造技术发展方向，以及给常开带来的价值，也终于被所有人认可。

第四节　行业首条自动化生产线

就在项目首期还没有完全结束时，2016 年常开遇到了一个契机，让自制自动化生产线有了新的提升，那就是申报工业和信息化部"智能制造新模式应用项目"。

经过首期的进展，常开对一些单机设备的自制积累了经验，但将所有单机整合进一条自动化生产线，却是一项艰巨的任务。

首先是确定将哪个产品的组装纳入自动化生产线。这个问题看似简单，哪种型号的产品批量化需求最大，自动化的效益就会最高，自然就应该确定那个需求量最大的产品，但实际情况远非如此。为了确定产品型号，王春华连着几个晚上都睡不着觉。

从当时常开的情况来看，塑料外壳式断路器 CM3-100C 的产量最高，年产量达 30 余万台，理应纳入自动化生产线。但是，任何生产线的使用都不可能只满足于当前，而是需要兼顾未来的加工需求。因此在确定型号之前，需要合理地预估产量。但如何能准确地预估三年乃至十年后的产量，使生产线能够得到最大程度的利用，对于决策者来说是一个极大的考验。一旦估计不准，就将面临投资的浪费、企业利益的受损，以及董事会的责难。王春华最终下定决心与项目组商定，按照 20% 的增长率，结合公司的"十三五"规划，将该生产线的年产量确定为 54 万台，并以此为基点，倒推设备的生产节拍及可行性，再预估整个生产过程中容易出质量问题的堵点。

其次就是区分哪些加工步骤需要自动化，哪些只能手工完成。这种区分并非仅基于技术能力的考量，还涉及经济性、适用性等多方面因素，此外，还需要考虑零件的兼容性，并据此推动对模具的改进。

当所有的问题被充分考虑后，进入生产线布局方案的讨论时，由技术、生产、质量条线组成的项目组已经召开了十几次正式会议。会上，各部门激烈地争论，方案稿一改再改。作为方案的主要设计者，周振忠面临着巨大的压力。

在最艰难的一段时间里，周振忠一度找到王春华："王总，你撤我职吧，这个设备我不做了，要损失就损失吧。"

看到周振忠筋疲力尽、垂头丧气的模样，王春华没有直接回应他，而是给他讲了一个故事。

数年前，低压电器行业的一位头发花白的老专家在一个公开场合感慨地说，能否在他的有生之年看见国内有一条自己做的自动化生产线。在场的人无不为之动容，这其中也包括王春华。因此，做一条自动化生产线成为王春华多年来的一个理想和心愿。这也是他当时一定要亲自担任项目组长的一个原因。"理想不是一天就能实现的，是不是？"

看到周振忠的脸色缓和下来，王春华又安慰他说："你怕什么？天塌下来我来挡。"当周振忠表示困难太大时，王春华接着给他打气，"人家进来看什么，是全部看吗？不是的，其实就是'一看头二看尾'，中间那段他哪有时间看？"这就是后来王春华所说的，做思想工作不仅要研究对方的心理，甚至参观者的心理也得研究。

"我们现在怎么可能马上拉开整条线的自制，还没到这个水平。"经王春华这么一说，周振忠明白了他对生产线自制工作"分步走"的思路。王春华鼓励周振忠："一年不行，再给你两年时间。"他还嘱咐周振忠当天早点下班，回家好好休息，睡个好觉。

事实上，不用两年，而是不到一年的时间，CM3-100C 生产线便完成设计并进入试制阶段。这时的接力棒交给了升任为动力设备技改科科长的殷维。作为负责人，殷维在整个试制阶段一直守在现场。

第一次调试时，由于一部分零件来自外协加工，不同厂家供货的零件存在一定的公差，再加上一些设备设计的数据没有考虑周全，生产线刚接通电源就卡壳了。在上述问题都协调解决后，又经过多次修改，一个月之后开始了第二次调试。CM3-100C 整条线总长 60 米，由 14 个单元组成。按照殷维当时的估计，每个单机单独运转已经超过一个月，都比较顺畅，连在一起应该问题不大，即使个别单机出现堵点，安排一个人在旁边辅助一下也可以让整条线运行起来。没想到的是，"点"和"线"的运行根本不是一个概念，设备开关一启动，整条线堵点频发，一会儿是零件卡住，一会儿又是供料卡住，前后生产节拍也不一致。按下葫芦起来瓢，这边停两三分钟，那边再停三五分钟，整条线根本没法流畅运行，试制再次失败。

"单机调试时，还知道问题在哪里，一条生产线出问题，都不知道问题出在哪里"，深感迷惑的殷维只能硬着头皮再次投入修改工作。

又一个月过去了，尽管生产线可以动起来了，但产能只能达到 70%。在其后将近一年的时间里，通过实施增加一台自动化设备来替代人工等方法，终于解决了所有的问题。

2018 年 5 月，前后历时三年的项目正式移交投产，实现成功验收。

第五节 "没有人卖，我们自己做"

2018 年工业和信息化部相关项目中的塑料外壳式断路器智能化生产线，一个重要的组成部分是操作机构自动化装配设备。

控制断路器开合的操作机构是断路器的核心部件，其装配当时在行业内都是手工完成的。由于操作机构结构复杂，导致自动化装配设备制造难度很大，常开本来打算将其纳入项目第三期再研制，后来提前到第一期。闻听此事，当时行业"三大家"内的一位负责人十分惊讶，对王春华说："这真的是世界难题，我们都不敢做。"

然而王春华咬紧了牙，就是要啃啃这块硬骨头，这并不是他一时逞强。因为有个问题，他想了很多年。

一个企业如何才能立于竞争的不败之地？核心就是产品，而产品竞争的核心一靠技术、二靠制造。经过改革开放四十多年，通过与跨国公司的同台竞争，中国制造业产品研发的水平得到极大提升。然而制造的Know-How（技术诀窍）与产品研发不同，它并非一日之功，而是需要多年积累、小火慢炖的功夫。常开的制造Know-How该如何建立，制造水平该从哪里入手提升？这个问题困扰了王春华很多年，直到受到质检科长退休事件的激发，他才开始在零件特别是关键零件的自制上摸索出一条道路。而正是这一前端工作，为常开日后开展自动化制造奠定了基础。

装配自动化的一个重要基础是零件的高品质和一致性，这是后来常开在自动化制造方面得出的经验。尽管当初常开致力于提高零件质量时，并没有意识到这会对日后的自动化制造产生影响，但随着自动化制造的深入，常开人却越来越明显地感受到自制零件的高品质和一致性所带来的益处。

这一点在操作机构的制造以及装配历程上体现得很清楚。

早在2013年，常开为了提高零件质量，将操作机构的制造工作从外协厂收了回来。在自制的过程中，常开改变了原有的零件生产方式，实现了模具的更新换代，采用了当时最先进的制模技术，将零件加工的所有工序整合至级进模，使得零件一次冲压成型，极大地提升了操作机构的零件质量。值得一提的是，正是因为突破了难度最大的操作机构零件的级进模研制，使得日后常开在采用级进模自制其他零件时，进展更为顺畅，从而提高了零件的质量。

采用自制的操作机构零件，常开走上了自动化制造装配之路。由于机器加工不同于人工，只能直上直下，而不能完成柔性动作，因此需要将零件加工动作完全用直线的逻辑和动作特征来描述，仅前期的工艺研究就用去了将近一年的时间。

好不容易完成设计方案，常开找了三家供应商委托制造，没有一家愿意干，直到第四家才同意合作。这类设备的制造周期一般为6个月，但由于难度较高，首台套设备用了8个月才交货，而首次试运转出了很多问题。常开投入大量的技术力量与供应商一起调整修改，直到第四套机构设备，才满足加工要求。

操作机构的自动化装配还需要自动化检测环节。当时行业内操作机构的检测方式多为人工，市场上根本没有此类设备出售。因此公司多次就此事讨论时，一直有人明确反对："出3000万元都没人帮我们做的！"因为有了几年的零件自制及其装配设备自制的经验，王春华很有底气："没有人卖，我们自己做！"后来，常开克服重重困难，制造了4种型号操作机构的自动检测设备。那些曾经持不同意见的人不由得心服口服："王总，你是对的！我们早该做的。"

不得不说，常开在职能部门上的设置为整个设备自制工作提供了保障。

参与自动化装配生产线的部门除质量条线的品质保证科、生产条线的几个车间之外，最具常开特色的就是技术条线的工装工艺科、动力设备技改科，以及2014年新成立的组装工艺科。

在组装工艺科成立之前，常开内部与工艺相关的主要是已经成立多年的工装工艺科。在"制造工艺"的定位下，组装工艺科准备在刚成立的半年时间里，将公司内部涉及工艺的部分与工装工艺科进行切分，但实际操作时却发现两个科室之间的边界很模糊。

工装工艺科是早年由原技术五科"翻牌"而来的，主要职责是零件的工艺开发以及模具设计等。为了区别于原有的工装工艺科，组装工艺科侧重于先进工艺的研究以及精益生产的理解和推进，特别是在先进工艺方面走得更深，定位于工艺流程的规划及优化。工装工艺科则主要定位于零件工艺及模具的设计，并和动力设备技改科共同完成设备的制造。计算机中心负责配合设计和制造部门贯通所有的软件部分，如此组成了常开整个自动化制造的"3+1"结构。

回顾操作机构及其零件和设备制造近十年来走过的路，不难发现，零件的自制化和装配的自动化构成了常开制造环节的核心竞争力。零件的自制化提高了零件的质量和一致性，让自动化装配成为可能；而自动化装配又反推零件上游环节的种种问题，进一步提高零件质量。

这其实就是王春华的解决办法：在制造环节打造常开的竞争力。那些曾经让他"看不到，学不到"的制造 Know-How，如今被常开所掌握。

第三章　常开制造体系

曾经有一段时间，常开的生产环节出现了"菜市场"现象——车间员工领取加工零件时乱哄哄的现场状况。在常开，员工领到当天的加工任务后，就在车间的物料放置区选取自己需要的零件，完成加工后上交给车间。每台断路器的零件一般为100多个，加上断路器的种类众多，因此所有零件的数量加起来就得成千上万。四车间是塑料外壳式断路器的组装车间，在该车间，各类待组装加工的半成品零件可达3万多种。一般而言，零件库存总不免与当天的需求不匹配，但谁都想尽快完成加工任务，因此有的时候就会出现员工争抢物料的状况，场面比较混乱。

生产现场是工厂管理水平最直观的反映。对于经常到标杆企业参观，并总是拿自家与标杆企业相对照的王春华来说，他深刻地感受到了其中的差距。

提高生产管理水平，势在必行。

第一节　整顿"菜市场"

这几天，7点40分上班的四车间员工们都能看到脚穿运动鞋的王春华。董事长经常会到车间转悠，员工们早已经习以为常，但这次奇怪的是，为什么连续一周都来四车间，员工们很纳闷，王总这是在看什么？

王春华连着看了一个星期，心中颇有感慨：公司会议上反映的"菜市场"问题确实该解决了。

所谓"菜市场"，指的是车间员工领取加工零件时乱哄哄的现场状况。在常开，员工领到当天的加工任务后，就在车间的物料放置区挑选自己需要的零件，完成加工后上交给车间。每台断路器的零件一般为100多个，加上断路器的种类众多，因此所有零件的数量加起来就得成千上万。四车间是塑料外壳式断路器的组装车间，在该车间，各类待组装加工的半成品零件可达3万多种。一般而言，零件库存总不免与当天的需求不匹配，但谁都想尽快完成加工任务，因此有的时候就会出现员工争抢物料的状况，场面比较混乱。

其实在这段时间里，王春华还是挺高兴的。常开所承担的工业和信息化部"基于工业互联网平台的用户端电器智能制造系统的研制与应用"项目，历时三年，各项指标表现良好，即将通过验收。该项目属于"中国制造2025"十大重点领域中的"电力装备智能制造"，其中的首条自动装配、检测、信息一体化的CM3-100C塑料外壳式断路器自动装配线极具示范效应，将带动我国整个用户端电器行业制造水平和核心竞争力的快速提升。

2013—2018年，常开已经在自动化装备上实现了突破，拥有了行业一流的装备设计和制造能力。然而按照王春华的想法，要将常开打造成"基于智能型万能式断路器和塑料外壳式断路器的国际一流企业",不仅要有一流的产品、一流的自动化装备,更要有一流的生产管理水平。

生产现场是工厂管理水平最直观的反映。对于经常到标杆企业参观,并总是拿自家与标杆企业相对照的王春华来说,他深刻地感受到了其中的差距。

常开"菜市场"现象的根源实际是车间物料配送的管理不善,这个问题该怎么解决,标杆企业又是如何做的?这些天,每次看完四车间,王春华都在脑中浮现出那些标杆企业的场景。"他们的现场物料控制的量比较少,我们的现场物料架子大、物料多。"但物料配送的管理显然不仅仅是物料多少的问题。如何实现物料的有效流动,如何建立现代化车间的日常管理制度,带着这些问题,王春华一有机会就在公司会议上与大家探讨,同时利用一切机会向行业人士请教。

一个偶然的机会,王春华接触到苏州慧工云信息科技有限公司(简称"慧工云"),其聚焦于离散制造行业的数字化转型和智能化改造,提供的解决方案的思路与行业标杆企业十分相似。

慧工云经过一段时间的调研,给常开的"菜市场"开出了诊断书:这种"每人每日定量生产任务安排生产的方式",其弊端在于"无物料配给流程,全部由操作人员自行完成,对生产效率影响较大";同时导致在制品库存时间较长,"仓库原材料库存超过 4 天的存量,在制品库存超过 14 天的存量"。

有事实、有数字、有分析,这对习惯逻辑思维、看重数据的王春华很有说服力。在他的提议下,经过公司讨论,2018 年 5 月,常开决定与慧工云合作,在四车间 CM5-125 生产线开展试点项目,引进一种先进的生产管理方式。

经过一年的努力，CM5-125 生产线试点项目建立了一套现代化的生产现场管理系统，主要板块包括 SIM 即时化管理、质量 PFMEA、生产效率追溯系统等。其中，MPH 物料补给作为一个子模块，引入了小火车配送模式，建立了看板拉动系统，解决了常开"菜市场"的痛点——非流动式生产导致的生产效率低下，以及非拉动式计划生产导致的在制品库存时间较长，从而影响现金流。

又经过半年的试运行，2019 年 12 月，CM5-125 生产线运转情况良好，由动力设备技改科、技术二科、品质保证科、组装工艺科、四车间等组成的验收小组给出了测评数据：整线生产效率提升约 20%，生产周期减少 20%，整个交付周期缩减至 1 天；在制品减少 80%，在制品周转天数缩减为 1.5 天。同时，当年该生产线出产的产品无客户反馈质量问题，品质保证科没有提出组装质量问题，装配水平明显提高。

尽管 CM5-125 生产线试点项目成绩斐然，不过对于永远都在路上的王春华来说，似乎从来没有满足的时候。"跟日本企业相比，我对我们的自动化生产线还是不满意。"在他看来，日本企业生产线的故障率是 1‰，常开则为 4%，这意味着常开在生产 100 个小时中要停顿 4 次，而日本企业只需要在生产 1000 个小时中停一次。

于是在"对标标杆企业，要给公司带来实质性变化"的整体要求下，本着"没有挑战性，就没有成就感"的指导方针，王春华又为常开的生产管理水平提升订立了新的目标。随后几年，再次与慧工云合作开展的精益化生产等，使得常开的生产管理走上持续提高的道路。"比世界冠军低一点，比中国冠军高一些，只要努力，任务总是可以完成的"，永远需要踮起脚，或者跳一下才能达标，王春华当家近十年了，常开人也逐步习惯并接受了他的这种"苛求"。

第二节 "苦恼人"的笑

2020年5月31日，周日，五车间里几十位工人正在生产线旁紧张地忙碌着，加班生产近千台CW系列智能型万能式断路器。车间主任李春华像往常一样，早早就来到车间，查看物料情况。

五车间承担着常开两大产品之一的CW系列智能型万能式断路器的组装生产，与CM系列塑料外壳式断路器相比，CW系列用作电路主开关，额定电流高、分断能力强，同时体积大、售价高，虽然产量比不上CM系列，但产品销售额丝毫不逊色。

李春华于2014年从四车间调任五车间主任时，五车间还以生产CW1系列产品为主，近十年过去了，CW3系列已经实现了量产，同时随着市场的拓展以及需求增加，整个CW系列的订单增长很快，不到十年的时间其产量已经从6万台猛增到近10万台。

为应对产量的增加，五车间经历了三次设备系列改造，从原来的3条自动化生产线扩充到10多条，每条生产线的日产能为60台，整个车间日产600~700台，年设计产能可达15万台左右，基本能够适应当前的生产要求。

相对设备而言，这些年五车间在人数上整体并没有多少变化，除填补退休员工的空位外，几乎没有新增员工，一直维持在110多人。这一方面当然有人力成本的考虑，但更重要的是，如果新增了员工，繁忙高峰时期固然能够缓解生产压力，但非高峰时期，就会出现人员相对过剩的情况。

因此，对于李春华来说，最大的难题在于如何在有限的资源内，保质保量地完成生产任务，既要把订单都做出来，又要做得好。

别看 CW 系列产品的产量比不上 CM 系列，但其生产过程更零碎。CW 系列产品每个订单的规格都不尽相同，具有批量小、规格多的特点，使 CW 系列不像 CM 系列那样可以采取批量化全自动生产的方式。因此，五车间的自动化生产线相比四车间的更小、更短，是局部和单元自动化生产的。

由于近年来销售部门重点开发单机配套的用户，定制产品更是增加了产品的规格和品种。单一规格、单一产品编号的数量越来越小，在一年近 10 万台开关总量中也就占几百台，而定制产品占比的份额可到九成以上。

数量少、规格多，"千人千面"的产品特征，带来的首要问题就是备料要充分。五车间常用的零件数量接近 4 万件，加上在制品的数量，整个物料系统里的各种备料数量接近 10 万件，增大了物料供给管理的难度。如何在规定的时间内，让人员、设备、物料达到最优配置，实现产品流、物流、信息流的有序流动，这考验着李春华及 6 个班组长的管理水平。

五车间对精益化的要求是很迫切的，这一点王春华早就看到了。在四车间开始进行塑料外壳式断路器的精益化生产线改造两年之后，五车间也开始了智能型万能式断路器的生产线精益化。

由于智能型万能式断路器的产品特点，五车间的生产很难直接采用高度自动化的生产线。那么五车间的生产线改造究竟应该遵循什么样的技术思路，达到什么样的效果，围绕这些问题，改造项目组多次展开讨论。后来还是王春华在参会时讲的一段往事，让大家受到了启发。

有段时间，常开承担的工业和信息化部"智能制造新模式应用项目"的进度受阻，大家的疑惑是：组装环节的自动化程度是不是越高越好，万一失败了怎么办？王春华曾经专门向富士电机的日本专家讨教，没想到这位专家以很轻松的口吻回答："你不就是装配嘛，机器不行的话，就留个工位，放个人进去不就行了。"王春华恍然大悟，在这个"机器不行人来顶"的底线思路下，项目组反而找到了自动化装配的最佳解决方案。此时，五车间又面临类似的问题，既然产品特性难以实现全自动化，就不必刻意追求它，而是要更加注重精准化和智能化，实现人员、设备、物料的精准配对，加快生产节拍，保质保量完成订单任务，这才是五车间生产线改造的方向所在。

而后是生产装配管理的IT化。在每一个工位，操作工人都需要输入姓名、密码登录电脑后，才能看到他当前的生产任务，包括相关的合同订单，以及客户指定的零件配置等信息，其中一些关键的零件，还要扫描其条形码进行装配。如果操作工人拿错零件，系统会自动提示。条码系统不仅可以纠错，还可以溯源，即使产品完成了也能查询其零件的生产信息。这套后来在整个公司广泛运用的生产管理系统，是由常开计算机中心自行研制的。一旦订单纳入车间生产，其生产管理的信息流即在公司内部共享，所有相关部门包括车间主任、销售部门、公司高层领导等都能看到相应的操作信息，以便随时掌握订单生产情况。

而条形码管理的推行，背后还有一个故事。

最初准备实行关键零件的数字化管理时，常开纠结于是用二维码还是条形码。二维码包含的信息量大，但表面的图形无法体现其信息内容；条形码包含的信息量较少，但优点在于能看懂其中的信息。每每遇到这类技术难题，王春华都要到行业标杆企业去调研，这次也不例外。本来是想向专家请教，但王春华知道如果直接提问，人家很可能不会回答。于是他把请教变成了讨论，人家也就很自然地将自己的思路和盘托出，普遍认为在断路器这种产品上，应用数据量不大的条形码就足够了。王春华拿着"套"出的答案交给技术部门，最终常开决定采用条形码管理。

精益化生产与生产线改造相结合，在很大程度上解决了五车间的管理痛点，使得其产量提高，最高月产量突破1万台。

不过由于订单的不均衡问题，一旦出现订单集中的情况，一些急活赶制不出来，就还得加班。比如，某年由于"五一"小长假，5月的工作日只剩下19天，但与前两年同期相比，这个5月的订单却处在攀升阶段，时间缩短、任务加重，李春华只能通过加班来解决。好在工人们踊跃参加加班，原本苦恼的李春华这回终于开心地笑了。

第三节　常开的 CPS

2021年6月的一个周六，王春华一大早就从常熟乘车到上海。从这天开始，他每周六都要去参加上海行动教育科技股份有限公司（简称"上海行动教育"）开设的"校长 EMBA"课程，一直延续到第二年。

虽然王春华已在常开董事长的位置上任职有十年之久，但他一直保持着好学上进的本色，可以说他的这种好学精神从学生时代就开始了。

20世纪90年代初期，国内刚刚兴起个人电脑，不过由于价格昂贵，别说一般人，就是一般的企业也没有配备。王春华虽然是学机械出身的，但他对各种新技术都很感兴趣。为了学电脑，刚参加工作的他找到在常熟市农业局工作的表哥。王春华恳请表哥每天下午晚点下班，等表哥的办公室没人时，他去"蹭"用一下公家电脑。由于当时的电脑还没有普及 Windows 操作系统，所有的操作都需要专业的计算机语言。为了能够操作电脑，王春华硬是

"背"会了晦涩难懂的电脑指令。而学习电脑的第二个困难是汉字输入法。当时比较流行的有拼音和五笔两大汉字输入法。王春华索性选择了难度大的五笔输入法。这种输入法将汉字的部首拆成130个基本字根与英文字母对应，记忆量大、学习难度高。王春华工作繁忙，本来没有整块的时间去背诵，后来因病住院，他利用在医院的几天时间，把五笔输入规则记得滚瓜烂熟。王春华无疑是当时掌握电脑技术的先行者，直至多年以后当他成为公司领导时，办公室主任还惊讶于他能熟练运用五笔输入法打字。

后来由技术干部进入管理层后，他拿了好几个EMBA学位，从最早的复旦大学到后来的上海行动教育。上海行动教育学时三年，每月需要学习四天，王春华在这期间一直坚持上课，而且每次上完课还认认真真地做作业，直至系统学习完EMBA的全套课程。但随着知识的日新月异，已有的课程仍然不能满足他的好学之心。2021年，他又开始在上海行动教育学习长期的"校长EMBA"和短期的"浓缩EMBA"两套课程。

随着当家的时间越长，王春华对常开的特点越来越了然于心。常开的优势得益于早期前董事长唐春潮所打下的技术框架，建立了一套领先于同行的技术体系，产品优势明显。相比之下，包括制造体系在内的企业管理水平还有待提高，这也是他钟情于EMBA课程的主要原因。他不仅要与时俱进地学习最新的企业管理知识，还要把常开干部们的"脑洞"打开。常开前后安排了40多位中高层干部参加"浓缩EMBA"的培训，系统研习企业管理内容。想到系统性，王春华不由联想起这几年与慧工云的合作，虽然在生产线改造上成效明显，但整体改造思路还是停留在局部，建立系统的生产制造管理体系，乃至建立全面的企业管理体系，才是他最终的目的所在，这样才能将常开打造成世界一流的断路器工厂。

想到这里，他想起了王炯华。进厂就参与第一代 CM 系列塑料外壳式断路器研发，在技术二科沉淀了二十五年的王炯华，2018 年从技术部门调到生产岗位，2020 年接任了公司负责生产的副总经理职务。让王炯华跟进常开生产制造管理体系的建立，是再合适不过的了。此时，王春华瞥了一眼路识，发现汽车马上要进入上海市区了，想了一路的他不免因自己的这个好主意生出几分得意感。

不久之后，王炯华接到任务，开始到慧工云调研并反复讨论交流，于 2022 年终于达成了为期两年的合作协议，分 5 个阶段推进，涉及生产管理、工艺管理、质量管理、供应链管理、设备管理等全部生产制造运营流程。

这次常开建立的生产制造体系被命名为 CPS。其首字母 C，延续了常开的一贯传统，来源于常开的拼音 Changkai 的首字母，这与 CM、CW 系列产品的命名方式如出一辙。而这个命名方式还参照了丰田的 TPS（Toyota Production System，丰田生产系统）。之所以有这种比照方式，应该说是王春华对标思路的一脉相承："丰田打造了先进的 TPS，我们叫 CPS，我们就是要向丰田学习借鉴，争取超越丰田。"

2022 年 11 月 4 日，常开 CPS 建设项目正式启动。准备在两年的时间内分模块逐步引进方法论，最终完成 9 个模块的搭建。

一贯低调的王春华，在项目启动会上的发言难得高调了一回，他谈到了常开的理想，即要实现目标量化、过程量化、成果量化这三个量化，"从标准引领、产品引领，到工艺引领、设备引领，最终是文化引领"，"以成就客户为目标，成为中国伟大的企业、世界一流的工厂"。建立常开生产制造体系，乃至全面的企业管理体系，是他实现这个宏伟目标的有力支撑。

第四章 成套不做，元件不保

　　由于历史原因，常开作为元件制造商，也涉足终端产品开关柜的生产。但为了不与元件销售的客户即其他成套厂竞争，常开早年间定下规矩：开关柜不做大，年销售额限制在1亿元以内。

　　按照以前常开的销售模式，各大工业设计院是其销售攻关的重点单位。然而，随着市场的变化，设计院的话语权开始减弱，成套厂在元件销售中的分量开始加重，这主要与基建项目越来越多地采取招标的方式有关。由于任何元件只有完成配电柜的组装才能供客户使用，因此只有最终产品配电柜的供应商即成套厂才具备招标资格。至于配电柜中各种元件品牌的选用，即使设计院提供的设计图中标明使用某元件品牌，成套厂也有可能在取得客户同意后换用另一品牌。另外，由于越来越多的项目标书不指定唯一元件品牌，而是交由成套厂提供多品牌方案，因此成套厂对元件品牌的选择权更大。

第一节 "做"与"不做"

2016年底，根据公司财务结算的数字，常开成套产品的销售额首次突破亿元，达到1.26亿元，王春华的内心像打翻了五味瓶，说不出的各种滋味。

按理说，超额完成了生产任务，本应该是一件喜事。殊不知，成套产品在常开内部别有一套规矩。

由于历史原因，常开作为元件制造商，也涉足一些三箱类低端配电箱的生产，1992年王春华调到电器成套事业部后，全面负责成套产品的销售、技术、生产、检验，经过几年的努力，成套规模逐渐扩大，产品系列也得到了快速发展，从一个生产三箱类配电箱的小成套厂迅速发展成为10kV及以下高低压成套开关设备的主流企业，产品在行业内小有名气。为了不与元件销售的客户即其他成套厂竞争，早年间前董事长唐春潮曾制定过一个规矩：常开的开关柜不做大，年销售额限制在1亿元以内。

破了"唐厂"定下的老规矩，并不是王春华不懂成套，唐春潮是"老成套"，他又何尝不是？

常开的成套业务在2016年之所以能够快速增长，还是时移世易所致。

20世纪90年代，常开在国内首开先河，摒弃了原来向机电公司推销的模式，将设计院作为销售攻关的重点对象，由此赢得了新产品推广的极大成功。然而，随着市场的变化，设计院的话语权开始减弱，成套厂在元件销售中的分量开始加重，这主要与基建项目越来越多地采取招标的方式有关，一般只有成套厂才有高低压开关柜的招标资格。至于配电柜中各种元件品牌的选用，即使设计院提供的设计图中标明使用某元件品牌，成套厂也有可能在取得客户同意后换用另一品牌。另外，由于越来越多的项目标书不指定唯一元件品牌，而是交由成套厂提供多品牌方案，因此成套厂对元件品牌的选择权更大。

既生产元件，又生产高低压成套开关设备的常开敏锐地察觉到市场的这一变化，开始改变以前限制开关柜销售的做法。

常开以开关柜制造商的角色直接参加项目招标，可以实现两次销售，即开关柜的销售与元件的销售。当然也不是所有的开关柜都能配置自有元件，这主要与客户意愿有关。实际上，这些年常开的开关柜自有断路器的配置比例只有20%。但为什么即使配置其他品牌的断路器，常开仍然坚持做开关柜？这主要与扩大品牌效应有关。常开这些年的实践表明，只有把开关柜的市场占有率做大，才能接触到一些大型工程项目以及各个行业的头部企业。

通过大型工程项目以及头部企业的辐射，常开的品牌传播效应非常明显。2018年，常开的断路器打入由外资品牌多年独霸的苏州地铁项目就是一个很好的成功案例。同样，在新能源领域，元件的竞争已经进入白热化阶段，如果没有成套的参与而想在该领域取得元件的成功销售，难度可想而知，也正因为成套的保驾护航，常开在新能源领域才能捷报频传。作为常开对外的一个窗户，成套使常开的一代代新品更好地得以迅速推广，让客户更直观地了解常开的高性能、高质量、高可靠产品。随着成套规模的不断扩大，常开的成套产品在各行各业的影响力也在不断增加，一次次的同台竞技，一次次的沟通交流，使常开进一步了解到国内外最新元件在不同行业的需求特点，为常开元件改进、完善、提升提供了有力的依据。俗话说"知彼知己、百战不殆"，常开借助于成套这种有利条件，更好地了解了客户的需求，从而在与客户交流推广如何选用常开生产的断路器时底气十足。

常开当初限制开关柜的销量，一个重要原因是不与成套厂客户争利。新形势下，常开扩充开关柜的产量，仍然是在这个不争利的框架之下。成套招标时，如果参与招标的成套厂是常开元件的老客户，经过交流中标后可以选用常开的元件，为了保护这些老客户，常开则会选择退让。新形势下没有绝对的竞争或者合作关系，有的是竞合——既有竞争也有合作，王春华相信在这一点上，他并没有与老董事长的初衷相背离。

从元件导向的思路里走出来，常开在开关柜和断路器两方面同时发力，开关柜销量一路上扬。用八车间主任徐庆丰的话来说就是，"这十年以来，成套板块发生了翻天覆地的变化"。

徐庆丰于2005年从技术六科调到八车间，在车间主任的位置上一干就是近二十年。作为专门生产成套产品的八车间主任，他亲身经历了常开成套产品生产的变化过程，对围绕成套产品生产中的很多"做"与"不做"，有着深刻的感受。

2017年以前，常开的成套板块按照公司要求将体量控制在年销1亿元以内，并一直秉承着传统的成套生产模式，即从钣金结构件加工、柜体组装到成套总装的作业模式。但到2017年以后，为了应对成套订单的快速增长及提升公司对项目的响应速度，减少场地因素对项目实施的限制，常开对成套板块作出了第一次重大变革，将开关柜结构件的加工与组装进行整体的外购。

为什么不再由自己来做结构件？主要有以下几方面考量：

一是场地因素。八车间的场地和人员有限，成套产品的装配则需要较大的场地，而建业路的主厂区早已排满，没有新的空间。

二是成本因素。成套生产是一个劳动力高度集中的行业，对人员依赖程度非常高，由于常开一直延续股份制的经济组织形式，人员整体开支偏高，因而公司对新增员工数量控制较严，外购部件就相当于节约了车间30%以上的人力。

三是项目实施周期因素。通过柜体外购，使得开关柜生产周期大大缩短，减少了将近50%的生产周期，使得快速响应客户成为可能。

四是钣金生产业务的变化。八车间钣金为开关柜及断路器做钣金零件，随着时间的推移，公司断路器销量不断增加，使得断路器结构件生产量在钣金加工中的占比不断提升，造成八车间的钣金生产能力无法同时满足开关柜结构件与断路器结构件的生产需求。

综合以上因素，王春华促成了常开成套的第一次重大变革，常开成套"不做"柜体。

2017年是常开成套生产模式的转折点。之前，成套产品年产值在1亿元左右，高低压开关柜柜体从结构设计到钣金加工、壳体组装均由自己完成。当时，国内一些规模成套厂均采用这种方式，那时的成套市场虽然竞争已然激烈，但与接下来的白热化竞争无法相提并论。这种模式大量占用资源，包括人员、场地、设备、生产效率、产品质量、加工周期等。王春华看到了其存在的弊端，清楚地意识到如果不解决这些问题，成套就不会有大的发展，即使保持也会变得越来越困难，但一时半刻也没有好的思路。

就在这一年，常开接到了国网安徽电力有限公司的高低压居配项目，合同额达2000万元，由于国网高压柜要满足燃弧要求，而且还有一大堆国网的专用要求，常开的高压结构不能满足。但项目已经接下来了，怎么办呢？不解决的话可能面临退货风险。技术六科科长胡建刚就此事向王春华汇报，王春华随即安排他想办法解决此事。随后，胡建刚进行了大量的市场调研，目标锁定浙江万控——一家规模庞大的专业柜壳公司，产品质量一流。经过洽谈发现，浙江万控的产品售价还没有常开自己生产的成本高，从此就开启了常开和浙江万控的合作之路。

国网安徽电力有限公司项目完成后，王春华作出了重大决策，对常开柜体生产进行切换。现在回过头来看，如果没有此举，常开成套的年销售额可能还是停留在1亿元左右，而且钣金车间的配置也无法满足元件的发展需要。

这两个"不做"，反而"做"出了常开成套产量的快速增长。2016年销售过亿元仅仅只是一个起点，2017年成套才开始真正放量，销售额达到2亿元，五六年以后竟然又增长到4亿多元。

而且，随着车间管理水平的提高，在场地、人员没有增长的情况下，常开成套实现了"一增""一减"：产量由月产一两百台增加到四五百台；项目周期由以前的十天半个月减少到一周左右。

由此，徐庆丰真正体会到成套在常开存在的意义：成套不做，元件不保。

第二节 "黄埔军校"

常开从20世纪90年代开始就坚持人才培养，每年都有一批批大学生来常开发展。经过十多年的人才战略，技术六科的人员从刚开始的六七人发展到了二十多人，随后每年边引进人才边为其他部门输送优秀骨干。几年下来，技术六科先后为公司输送十多位人才，他们在各自的岗位上发挥了重要作用，其中包括副总经理张志刚、唐伟，还有总经理助理朱宇凯、组装工艺科科长周振忠等人，由此大家称技术六科为"黄埔军校"，称胡建刚为"黄埔军校"

校长。

有一段时间，常开成套规模一直停留在 1 亿元左右，因此技术六科的人员数量一直稳定在二十多人，随着光伏行业的大爆发以及成套模式的改变，王春华意识到技术六科人才队伍会跟不上发展要求，于是又开启了人才引进模式。特别是有了成套整体搬迁这个想法后，他要求各部门围绕这个目标对今后的发展进行规划，提出不同发展阶段对人才的需求，并吩咐人事部门要一路绿灯，大力支持。几年下来，技术六科成为公司规模最大的科室，一支新生的年轻队伍开始发力，同时为市场管理部输送有用之才，实现了公司"一盘棋"战略。

成套与元件的项目流程不太一样，成套工程项目的特点是"短、频、快"，从项目报价开始到现场安装调试，整个过程将销售、技术、车间、检验牢牢地捆绑在一起。2023 年以前，四个部门分别归四个条线管，出现问题时谁也不服谁，没有一个主心骨，处理问题的效率较低。王春华是个老成套，他深知成套的操作流程。如果按照原有的模式肯定不利于成套发展，于是他果断作出决策，将四个部门放在一起，由出身成套的朱宇凯全权负责。

朱宇凯分管成套后，每月召开一次条线会议，疏通工作中出现的相关问题，并牵头技术六科、八车间对高低压柜体、铜排、电镀、运输、包装等与供应商重新核价商讨，经过半年的努力，成效显著，预计每年可降低成本 600 万元，这也说明王春华对条线整合调整的决定是完全正确的。

第三节　成套的光伏之路

常开对外承接分布式光伏电站工程始于 2008 年，当时国家电网对分布式光伏电站还没有具体规定，管理比较宽松，电站申请、接入比较容易。针对水泥屋顶、彩钢顶、车棚等屋面没有配套资源，各做各家，电站建设成本非常高，项目数量、规模相对比较小，一般均为20kW左右的小项目。项目归口在技术十科，接到项目后由技术十科牵头，多部门联动，一个小项目通常要干几个星期，而且施工质量难以得到保障。

2014年，光伏行业全面大爆发，王春华意识到国内分布式光伏发电即将迎来大的发展机遇，常开当时的"小打小闹"在机构设置、工程设计、现场施工管理、系统调试、运维等方面均存在较大不足，今后将难以在光伏市场立足。于是他立马调整思路，成立光伏小组，将光伏归口技术六科负责。因为技术六科在系统方面经验相对丰富，再加上借助与常熟中利集团合作光伏汇流箱、逆变房等地面电站产品的机会，打破了原有模式，得以尝试新的电站建设模式。王春华清楚地意识到，这支新成立的队伍如果没有进行过实操，对外很难承接大的工程，于是他果断决定在公司屋顶先行练兵。就这样，公司第一期500kW分布式光伏电站工程正式启动。

万事开头难，技术六科在一期的建设过程中到处取经学习，不断总结经验，业务能力得到了较大提升。当然也发现了很多问题，在第二年的940kW二期工程中得到改进。与此同时，技术六科开发了一系列阳极氧化铝合金光伏支架，大大提高了工程质量、施工效率，降低了原材料成本和工程整体造价。尝到甜头后，常开一发不可收，常熟富士电机有限公司、常开联丰路厂区工程、建业路厂区三期工程纷纷上马，总装机容量达5MW，使常开的用电一半来自光伏发电，既大大缓解了企业用电不足的问题，又取得了良好的经济效益和社会效益。

王春华非常关心光伏团队的情况，如在外施工是否存在困难，施工一定要注意安全等。他自己也投入了很多精力：客户来公司时，他亲自介绍光伏的特点及创造的经济效益；时常外出拜访一些常熟的知名企业，了解到有些企业经济投入有困难后，他亲自与建设银行洽谈，尽力帮他们解决资金问题。王春华平时一直嘱咐大家，光伏行业虽然竞争激烈，但常开一定要诚信做事，一定要以客户为中心，一定要做精品工程，千万不能偷工减料、降低工程质量。在王春华的思路指导下，胡建刚一直执行相关理念，工程全部采用阳极氧化铝合金支架、华为或阳光逆变器、阿特斯光伏板、常熟电缆、铝合金桥架、不锈钢螺丝……带领光伏团队优化设计、不断改进方案，合理降低成本，加强现场管理，做到精准下料、减少材料浪费等，由此在确保质量的同时取得良好的经济效益。

火车跑得快，全靠车头带。在王春华的带领下，常开分布式光伏电站建设业务得到了飞速发展，平均年销售额达 4000 多万元，最高时达到 7000 多万元。

第二编

满庭芳

坐拥貔貅十万，衔枚勇、云槊交横。
笑谈顷，匈奴授首，千里静欃枪，人按堵，提壶劝酒，布谷催耕。

——《满庭芳·落日旌旗》

（宋）邵缉

第五章　紧跟形势的新品开发

"不管是塑料外壳式断路器还是智能型万能式断路器，都不能有其他公司的痕迹，而是要有常开的面孔，我们的产品就叫中国新产品吧！"王春华沉吟片刻说道。

"对，断路器是成套开关柜的心脏，我们的产品就是一颗中国心！"管瑞良拍手道。

2020年6月，常开举行CW6系列产品的线上首发仪式。CW6和CM6两大系列新品的研制工作一直处于保密状态，因此当常开静悄悄地研究了近十年的细节一经公布，立即引起了行业的热议，很多专家给予了高度评价。

中国勘察设计协会电气分会会长欧阳东在一次公开讲话中，专门提到常开的全新一代智能型万能式断路器CW6系列及塑料外壳式断路器CM6系列，称其为：独具匠心地打造了国内全新一代断路器新形象，从外观到内部核心部件均实现了完全的自主知识产权，也是低压行业配电系统的"中国芯"产品。

就在首发当月，原机械工业部副部长沈烈初还专门赶到常开调研一周，并以80多岁的高龄亲自撰文《十年磨一剑 常熟开关脱胎换骨——CW6及CM6断路器诞生的启示》。文章长达6000多字，高度赞扬了常开的新品研发工作以及两代人的努力："这是唐春潮同志自1991年起主持常开，又在2010年底交棒给王春华同志，两代掌门人带领全厂同仁近三十年奋斗的结果。他们领导全厂职工，把握改革开放的历史机遇，从学着走、跟着走、并肩走到超越走，其中披荆斩棘的艰苦历程，值得大家点赞与喝彩。三十而立，耀眼成果，这是向建党100周年和中华民族完成小康目标献上的一份厚礼。"

第一节　塑造"中国面孔"

2013年11月的第一个周六，公司中层以上干部月度会议照例举行。一个上午过去，直到中午12点，有些事情还没有讨论完。

看了看手表，王春华对主持会议的办公室主任说："上午就这样吧，中午休息一下，下午接着来。"

听得此言，坐了一屋子的几十位干部收拾各自的物品，准备离开会议室。管瑞良正准备起身，王春华叫住了他。

"管总啊，中午一起吃饭吧。"

管瑞良估计王春华有事要跟他说，就一边答应着一边跟着王春华走出了办公楼。

周六是休息日，除中层以上干部，以及赶急活的个别车间员工需要加班外，公司一般员工都正常休息。因为要供应加班员工的餐食，食堂的师傅们周末轮流上岗。

常开的食堂分成上下两层楼，一楼、二楼都有可容纳几百人同时就餐的大厅。二楼还有小餐厅，无论格局、布置还是装饰，都不亚于星级饭店。特别是小餐厅当值的厨师，都是招聘的当地名厨，每每有重要客人来访，满桌佳肴不仅色香味俱全，还有精巧的摆盘造型。

就着工作餐的两菜一汤，王春华打开了话头。

"老管，我这两天都在想一个问题，咱们的新一代产品研发是不是可以启动了？我想先听听你的意见。"王春华比管瑞良大五岁，也早进公司五年，与管瑞良同事十余年，公开场合都叫"管总"，私下也就称"老管"了。

管瑞良停住了筷子，说道："是啊，明年就是建厂四十周年了，我们最近正在做明年的技术规划书，确实应该有些新动作。"

"我们就是应该再有些创新！"似乎一提到"新"字，王春华就有说不完的话，从新品到新的研发思路，再到新的制造方法，一直说到新的企业管理方法。

等王春华说完，管瑞良说："我们常开在低压断路器方面的技术力量已经积累了几十年，我觉得我们的新品可以有些不一样的地方。"

"对啊，你还记得两年前唐厂退休时嘱托我们的事情吗？"

"怎么不记得？我记得唐厂特地把我们俩叫过去说，CM1系列第一代塑料外壳式断路器已经投放市场二十年了，CW1系列第一代智能型万能式断路器也面世十多年了，一个产品吃十年就差不多了，该琢磨推出新品了。"

"可不是嘛，唐厂还说，将来我们常开的产品拿出来要有自己的长相，别让人家一看，啊，这个部分长得像某某公司的，哦，那个像某某公司的呢！"

王春华惟妙惟肖地模仿着唐春潮说话的语气，听得管瑞良笑了起来。

"后来唐厂跟我说，这也是陆部长的心愿啊！"

由于常开在20世纪90年代创造性地推出了塑料外壳式断路器新品，奠定了在低压电器行业的领先地位，受到行业乃至国内制造业的广泛关注。原机械工业部副部长陆燕荪等老领导，每隔几年都会来常开考察，特别是沈烈初副部长，从1998年开始，每年固定在4月到常开调研，比唐春潮年长10

岁的沈烈初还自称与之是"忘年交"。这些老部长把毕生的精力都投入到中国制造业的事业之中，对中国制造业爱之深、盼之切，自然也对常开这样的优秀制造业企业寄予厚望。

听得此言，管瑞良正色道："常开从 1992 年 CM1 系列塑料外壳式断路器投放市场以来，CM 系列塑料外壳式断路器的年产量已经达到 150 万台，累计销量 1000 万台；CW 系列智能型万能式断路器年产量也有 6 万台，累计销量 40 多万台。低压断路器是一个需要累积研发和制造经验的行业，常开有这二十多年的经验，我们对新品开发的独特性有这个自信。"

"不管是塑料外壳式断路器还是智能型万能式断路器，都不能有其他公司的痕迹，而是要有常开的面孔，我们的产品就叫中国新产品吧！"王春华沉吟片刻说道。

"对，断路器是成套开关柜的心脏，我们的产品就是一颗中国心！"管瑞良拍手道。

这句话说完，管瑞良不免为自己突然蹦出来的"中国心"这几个字感到得意。他似乎跟带有"中国"名头的词很有缘分。

其时，随着智能手机的普及和移动互联网的发展，微信这种即时通信的应用程序正在中国普及。微信不仅是一个社交工具，而且还成为生活必备，几乎人人都有一个微信号和一个微信名。最初，管瑞良的微信名叫"外国道理"，起因于一次行业会议上，同行们都在说着各种国外产品的先进性，以及国外公司的研发、制造优势，口口声声地讲"外国道理"，只相信"外国道理"，而不讲、不相信"中国道理"。经过十多年的历练，当时的管瑞良不仅是常开智能型万能式断路器产品研发的领军人物，而且是国内低压电器行业的知名专家。深耕中国产品的他对此种现象很不以为意，于是给自己起了一个反讽的微信名叫"外国道理"。后来因为总有人问他这个与众不同的名字的来由，他就将此名改为通俗易懂的"中国道理"。不承想，熟知"外国道理"名字的朋友们反而不习惯"中国道理"这个新名字了，管瑞良只好又把微信名改回来，当然这是后话了。

而在管瑞良心里，一直对"中国道理"有着充分的自信。从第二年塑料外壳式断路器和智能型万能式断路器两个"六系列"新品正式立项开始，常开为之奋斗了十年。而管瑞良也用他的"中国道理"阐释了"常开面孔"以及"中国面孔"的差异化。

第二节　推倒重来的 CW6 结构

2014 年 7 月的一天，时任技术一科副科长周敏琛独自坐在办公室座位上，想着管瑞良对他说的那些话，疲惫的神色中交织着几丝兴奋。

自从公司的智能型万能式断路器新品研发正式立项之后，技术一科作为万能式断路器的研发部门，负责智能型万能式断路器产品的设计集成以及机械设计部分。当时作为副科长的他有一个具体任务：配合时任科长俞晓峰做断路器前期的基础研究，即关键部件机构的框架设计。

技术一科虽然在技术科室中的序号为第一，但其实成立的时间较晚，1998 年时是产品开发部下设的一个项目组，1999 年改称技术一科，主要负责常开的两大主产品之一——智能型万能式断路器的研发。周敏琛正是在 1998 年入职的。跟随着首任科长管瑞良、第二任科长俞晓峰，他亲历了智能型万能式断路器一代 CW1、二代 CW2、三代 CW3 系列产品的研发过程。后来广为流传的 CW6 系列，其实当时还没有被如此命名，由于避讳数字"4"，智能型万能式断路器新品一度被称作 CW5 系列，后来因为要和塑料外壳式断路器 CM6 系列的名称保持一致，才改称为 CW6 系列。

为了完成技术一科的任务，周敏琛等四五人组成一个小组，负责操作机构的整体结构设计。由于亲历过前三代智能型万能式断路器研发过程，周敏琛深知前三代产品各自的优缺点，他的思路是要在 CW3 系列的基础上发扬优点、改善不足。因此他设计的 CW6-2000 整体结构在一些地方参照了 CW3 系列产品，如将分合闸线圈错位布置在操作机构的盖板之上。

四五个人忙活了三个月，小组成员之间讨论过多次，设计图也修订过多次，周敏琛看着最后的方案，自己觉得还挺满意的，决定去问问主管技术条线的常务副总经理管瑞良的意见。

管瑞良接过图纸，仔细地看了一会儿，用很确定的语气说："小周，分合闸线圈错位布置，把分闸线圈放在里面，用户使用起来很不方便，你要把它改到外面来，连同欠压一字排开。"

周敏琛一愣，他深知这句话的分量。CW6-2000 智能型万能式断路器整体外形不大，而分合闸不过是里面的一个小盒子，要在这咫尺之间挪动它的位置，就意味着整体设计要推倒重来。为了新品的机构设计，他和几个组员这三个月来几乎天天加班，设计图不知道废弃过多少回，讨论会也开过很多次。管瑞良这一句话，就意味着他们三个月的辛苦白费了。

不过，在内心里，周敏琛对管瑞良充满了敬佩。1998 年成立 CW1 系列项目组时，正是他入职的那一年。以首任科长管瑞良为核心力量的技术一科，研发出了行业创新性产品 CW1 系列，成为常开第二大主打产品。其后的十多年，CW 系列智能型万能式断路器不断完善，累计产量达到 40 万套，虽然在数量上还不及 CM 系列塑料外壳式断路器的一半，但它以技术含量高、售价

第五章 | 紧跟形势的新品开发

高、利润率高的特点，成为公司利润的重要来源。

随着常开在行业里的名气越来越大，管瑞良也成为行业知名专家，在周敏琛这些后起之秀眼里，管瑞良几乎就是一座让他们仰望的高峰，在公司的技术问题上具有很高的权威性。

管瑞良看着低头不语的周敏琛，仿佛看出了他的心思。尽管作为一名技术专家，他讨论起技术问题时从来都直言不讳，但兼有的管理者身份则让他十分善于沟通。

"小周啊，这几个月来很辛苦吧，你的方案整体还是不错的，有一些创新点，但总的来说还没有完全脱离原来的窠臼。"管瑞良的语气转而十分温和。

"你看看这个合闸的结构和CW3系列长得多像啊，我们现在需要的是截然不同的方案，不仅需要打破自己的一贯思路，而且要与跨国公司的产品形象完全不同！"

一句话说中了周敏琛的心思，看来他还没有完全理解前一阵技术会议上公司提出的"中国芯产品"的概念，他点点头，说："是的，我当初只是觉得CW3系列的优点需要保留一下。"

"CW3系列的优点肯定多，要不然它现在怎么还是我们的当家产品呢？"管瑞良露出一丝笑容，"不过，任何产品的优缺点最后都要与市场对接，优缺点会随着市场而发生变化，而且总会有新的市场需求召唤新的特点。作为设计者，不仅要考虑产品的设计创新，还要考虑生产环节的便利性，以及用户的切身感受。"

周敏琛顿时觉得心中豁然开朗。管瑞良的话让他感到原来立足的那个点还较低、较小。在常开，任何一种新品的设计都不是单个科室在作战。就CW6系列而言，仅在技术环节就有5个科室参与，技术一科负责结构设计和整体把握，技术四科负责智能控制器的研制，技术九科对边缘计算负荷切换等新功能做研究，电器设计研究室做仿真研究，专利情报研究室负责专利查询与规避，管瑞良做最后的技术把控。这有点类似于原来低压电器行业的"联合设计"，即将断路器的不同零部件设计交由各个行业企业，再由行业研究所将所有设计方案进行整合。只不过现在常开自己一家企业就建立了"联合设计"的模式，由各个科室参与零部件的设计，而技术一科则负责设计的第一关和整体集成，不仅需要开好头，而且还要考虑与后面环节的联通和整体关系的协调。

看到周敏琛的神色开始振奋起来，管瑞良继而勉励道："你现在的工作很重要，是为CW6系列打基础，万丈高楼平地起嘛。"

听到此处，周敏琛定了定神。看了一眼窗外被夏日阳光照得明晃晃发亮的树叶，沉下一口气，开始重新思索CW6系列产品的结构设计。

一年以后，技术一科终于拿出了一个兼具传承性、颠覆性的设计方案，改变了以前耦合的机构结构，而将储能系统和分合闸系统解耦独立设计，赋予了CW6系列产品高寿命基因，轻松跨越了1万次的无故障分合瓶颈，达到2.5万次。修改方案得到管瑞良的赞赏，在又经过多次修改之后终于定稿。

第三节 "中国芯"当自强

新一代CW6、CM6系列断路器正式推出后，常开的老朋友——原机械工业部副部长沈烈初曾如此赞许："典型的'机电仪'高度融合的全数字化产品。"能得到老领导如此之高的评价，得益于常开在断路器智能化领域所取得的骄人突破。低压断路器又称自动空气开关，当电路发生短路或严重过载时，由电子脱扣器推动断路器机构动作，使得主触点断开，从而切断并隔离故障。从断路器的工作原理不难看出，除电子脱扣器外，其大部分结构是机械零件。常开的前三代断路器产品，机械部分占较大比重，断路器的品质保障更多地倚仗完善的机械性能。因此，常开在早期发展过程中，招聘了很多机械专业的技术人才，其技术部门的职能分工，也大多以断路器的型号规格来划分。

21世纪，由于微电子、计算机和网络技术的迅速发展，现代化电站和工矿企业广泛采用电子计算机监控系统，对与之配套的断路器提出越来越多的电子化、智能化需求，如要求产品具有保护、监测、显示、自诊断等功能。常开顺应市场环境，将原来技术条线的电子组改成技术四科，将其中最能体现智能化特点的电子脱扣器作为主攻研究方向。技术四科科长殷建强是常开为数不多的学科专业为计算机专业的技术骨干，后续又进修了电气、软件工程专业，这种复合专业的特点，使得他更能胜任技术四科的相关工作，适应性更强。自2008年接任技术四科科长以来，他走上管理岗位已有十几年，在电子脱扣器研发领域沉淀积累了二十余年。

2012年，日本政府不顾中方的一再严正交涉，宣布"购买"钓鱼岛及其附属的南小岛和北小岛。消息传来，总经理王春华敏锐地觉察到，此事件后，断路器中关键电子元件的供应可能存在被"卡脖子"的风险，要求技术四科迅速开展电子元件国产化的前期研究工作。当时市场上的工业用微处理器被三菱、摩托罗拉等国外公司垄断，国内仅有的几家公司也处于刚起步的阶段。技术四科经过多方调研，最终选择了一家品牌效应较好的公司开展合作。由于当时国内集成电路研发技术力量较为薄弱，这家公司的芯片刚开始时存在着诸多问题。技术四科及时沟通并邀请供方来厂现场测试，反复讨论改进方案，使供方的电子元件质量逐步稳定，常开也迈出了电子脱扣器国产化的第一步。后续因原有供应商的战略调整，技术四科又与国内一家更有潜力的专业公司合作，将其纳为电子脱扣器的供应商，常开与这家供应商的合作十分顺畅，电子脱扣器的国产化程度也有了很大提高。正是因为有着常开这样的行业领军客户的技术支持，顺应着国内集成电路产业的高速发展，这家供应商现在是国内工业微处理器领域的领跑者，并且成功上市，而常开也充分利用国内集成电路快速发展的优势，加深了电子脱扣器研发的技术底蕴。

2014年，常开常务副总经理、总工程师管瑞良在公司技术会议上分配CW6、CM6系列断路器研发任务时，多次提到要打造新品的"中国面孔"。闻听此言的殷建强一方面深受这宏大目标的鼓舞，另一方面胸有成竹，因为技术四科两年前就开始关键技术的研究工作了。同时，为了让CW6、CM6系列断路器电子脱扣器能够保持技术先进性，与市面上的产品竞争时能凸显其整体设计的独特性，殷建强殚精竭虑，以客户为中心，认真听取市场和客户需求，带领研发团队不断梳理国内外各代产品的发展轨迹，总结不同公司每一代产品的优缺点，充分把握断路器智能化最新发展技术趋势，确立了以"数字化"为主要技术特征的新一代产品研发思路。避众家之短，创常开之新，经过六年的艰苦奋战，完成了新一代的CW6、CM6系列断路器的智能控制器，被评审专家鉴定为："首创设计了具有智能互联、高精度测量、智能运维、23项健康状态管理、多功能保护等功能的智能控制器。"每次提到CW6、CM6系列断路器的产品特点，智能化就是很让管瑞良骄傲的一大亮点。

第四节 被否决的设计方案

2018年岁末的一天，技术二科科长顾建青扫了一眼办公桌上的电脑，时间是上午10点50分，他整理了一下手头的CM6系列塑料外壳式断路器的设计方案，招呼几个同事一起向会议室走去。

看着手中厚厚的一摞纸，顾建青心中不免有几分感慨。为了这个方案，技术二科已经忙活了将近一年，也修改很多次了。作为科长，他自然是设计工作的主力。特别是从这一年开始，原任科长王炯华调到生产条线担任总经理助理兼生产管理办公室主任，虽说前两年在调研和立项阶段，王炯华已经带着他做过很多基础工作并打造好研发工作的框架，但从现在开始他就得独立面对设计任务了，还要管理 20 多人的团队，工作压力可谓不小。

按照常开的工作流程，技术科室在完成产品设计方案后，要交由工装工艺科进行工艺审查，之后报请公司总工程师管瑞良签字，再通过内部技术评审之后，才交由生产部门安排零件的试样制作。

上午 11 点，技术二科与工装工艺科的几个主要负责人都已到齐，CM6 系列设计方案的工艺审查会议正式开始。

设计方案同时分发给工装工艺科的几位负责人，看到 CM6 系列的整体结构、零件的设计等与以往四代产品迥然不同，大家普遍对方案的创新性给予肯定。这时，工装工艺科副科长沈晓飞提出一条不同意见："这种拼接式外壳中间有一条缝，生产起来可能不太方便，如果把握不好，将成为零件制造质量控制的一个风险点。"此话一出，大家细加思量之下，不禁生出同感。

和其他企业一样，常开也设有技术设计、生产、销售等部门，不同的是，它们与原料采购、供应商管理等部门的相关性更强。比如，"设计要考虑生产和市场"这条原则，就是这种相关性的一个体现。

每一个设计人员的产品方案，都要兼顾生产便利和市场需求。所以在常开，一般情况下既没有空中楼阁的实验室产品，也很少产生不被市场认可的滞销品，这也就是王春华所强调的制造业的核心所在。"从设计开始，我们就要考虑怎么方便地把产品做出来，而在生产中我们是不是采用了最经济的手段、最好的工具和方法，我们能不能赚钱，能不能产生更好的效益，这就是常开认知的制造业的核心。"

正是在这种整体原则之下，由原技术五科翻牌而成的工装工艺科承担了工艺审查的职能，旨在为设计部门和生产部门之间架设一个桥梁。工装工艺科将新品设计方案"翻译"成生产可执行的零部件制造方案，也会站在生产的角度，由制造环节反推设计思路，以推动新品顺利量产。

顾建青在常开就职二十多年，当然明白常开的这个传统，闻听此言，他思忖片刻说："工装工艺科的意见很有道理，但我们之所以提出拼接式方案，是按照公司颠覆性创新的要求，要让CM6系列从内到外与前几代产品截然不同。一体式设计固然有利于生产便利，但是模块化联接在常开可以说是首创。"

另外一位技术二科的干部也发言道："实现断路器本体和脱扣器拼接，目的是要进行模块化设计，方便脱扣器的更换组装，即相同的本体可适配不同的脱扣器，组合成不同品种的产品，从而使生产方式更加灵活机动。"

围绕一体式和拼接式，两个部门的人员各抒己见，讨论十分热烈。在双方充分表达了自己的观点之后，大家就整体式外壳方案达成了共识，毕竟产品要做得出来并且要做得好，才能增强产品的影响力、扩大市场的占有率。工艺审查会议的结果是：拼接式外壳设计方案不予通过，另行修改。

散会之后的好长一段时间，顾建青一直在苦苦思索，这两个方案确实是各有千秋。拼接式的创新点、整体式对于加工的便利性，舍弃哪一点他都心有不甘。

有一天下班时，顾建青正准备回家，"颠覆性创新"这个词突然从他的脑子里蹦出来，他突发奇想，能不能把这两个优点结合起来，在 CM6 系列的外壳设计中同时体现呢？想到此处，他折回办公室打开电脑，自己先研究起来。第二天他又把这个想法与科里的同事们一说，大家都很兴奋，纷纷就这一思路提供多种方法。最后经过技术二科的共同努力，CM6 系列的外壳设计由原来的拼接式改为整体式，但在内部仍然保留了脱扣器的模块化拼接式结构，可适应自动化组装模式，实现了灵活组装的目的。

新的方案拿出来，让工装工艺科的同事们都眼睛一亮。连平时要求严格，有"不找出问题不放过，不找到解决方法不放过，不落实措施不放过""三不厂长"称号的管瑞良也大加赞许，连着说了几个"好"！

王春华董事长听了 CM6 系列设计工作的详细汇报，给予了高度评价："塑料外壳式断路器是常开的当家产品，这个产品发展到今天，更新换代越来越快，技术壁垒也越来越多。我们研发两个'六系列'，就是要追求颠覆性创新。但'颠覆性创新'这五个字谈何容易？需要学习、模仿、超越。其中，更重要的是'超越'，CM6 系列设计团队在这次设计工作中抓住了核心。"

2020 年 1 月 10 日，江苏省工业和信息化厅在常熟组织召开了常开研制的"CW6-2000、4000、5000 智能型万能式断路器"及"CM6-160、CM6-250、CM6Z-160、CM6Z-250 塑料外壳式断路器"新品鉴定会，最终结论是：双双被鉴定为"该系列产品总体技术处于国际领先水平"。

同时，"CM6 系列产品具备自主知识产权，至今共申请专利 38 件，其中，发明专利 4 件、实用新型专利 16 件，已获授权发明专利 3 件、实用新型专利 16 件"，这其中就包括整体式外观设计的专利。

第五节　打造两个爆款

2020年底，CW1-2000C智能型万能式断路器和CW3G-2500/4DCHU隔离开关两款配套产品订购量突破2800套的消息传来，不仅销售部门大为振奋，负责研发产品的技术一科也是群情激动。

这两款配套产品主要是为国内光伏行业的领军企业阳光电源股份有限公司（简称"阳光电源"）供货。实际上，这两款产品早在2016年前就开始进行针对性的研制，开启了智能型万能式断路器进入新能源行业的破冰之旅，抓住了光伏新能源发展的契机，经过三年的爬坡，到2020年实现了进一步的批量化生产。

为了研制这两款订制产品，技术一科的周敏琛等人可谓费尽心思。

新能源行业特别是光伏行业在2010年以后完成行业重组，迸发出旺盛的生命力，产品在国内外两个市场同时拓展，对配件的需求量也与日俱增。

2016年正是阳光电源与常开接洽的关键期，双方初步达成了合作意向，由常开先行研制一批产品供阳光电源测试与试用。

常开低压断路器的销售面对的最大的一个客户群体是工业客户。虽然同为断路器，产品大部分技术指标看起来有很多相似点，但实际上工业客户与新能源行业客户的要求却相差甚远。最大的区别是新能源行业客户对断路器机械寿命的要求特别高，对环境温度的适应能力的要求特别高。

光伏发电的工作原理是将太阳光的光能转换成电能，而太阳光强弱会在一天之中不断变化，因此为光伏直流配电箱、光伏控制器等配套的断路器每天要开合数次，在其生命周期内开合必须稳定可靠且寿命越长越好，同时由于光伏发电设备一般都在户外，要求配套的断路器产品能够承受更严苛的高低温要求。

按照国家标准要求，1600A< 额定电流 ≤ 3200A 的断路器机械寿命不得少于 3000 次。一般而言，工业客户对此的要求都在这个框架之内。然而对于光伏行业来说，标准则是 10000 次以上，而阳光电源更是提高到 15000 次，相当于国家标准以及一般工业客户的 5 倍。并且，常规的使用环境温度一般规定为零下 5℃至 40℃，由于新能源应用的特殊性，要求产品的使用环境温度为零下 40℃至 70℃。

尽管客户的要求高，但面对新能源行业的蓬勃发展趋势，常开决定从阳光电源入手，打造行业应用的示范效应，于是果断地接下了供货任务。经过前期调研，常开在当时最先进且最畅销的 CW3 系列产品的基础上，研发了 CW3G-2500/4DCHU 隔离开关，保持了与 CW3 系列产品相同的外形及安装尺寸，主要运用于直流侧的开合并起到隔离作用。

考虑到光伏行业日益激烈的市场竞争，常开并没有在交流端也配套 CW3 系列产品，而是选择了具有经济性的 CW1 系列，经过迭代设计，优化原有结构，有针对性地研制出 CW1-2000C 产品。

对于常开的这种研发思路，阳光电源给予了充分的认可。CW1-2000C 研制完成后，阳光电源进行了"引入测试"。没想到在断路器开合到 10000 多次的时候，其中的一个零件卡簧脱落了。

对于这一情况，即使在阳光电源内部也存在两种不同的意见，一种意见认为，光伏用断路器 10000 次的使用寿命已足够；还有一种意见认为，15000 次是常开承诺的产品寿命，如果只有 10000 次，就没有达标。

实际上作为用户，他们并不是很了解断路器行业的产品标准制定及其认定体系。样本所承诺的 15000 次的寿命，称为"预期寿命"，并不是指每一台的产品寿命都要达到此标准，而是一个批量检测的标准，即只要批量抽查的那一批产品的平均寿命达到标准，就视为达到标准。

尽管如此，常开仍然非常重视这一情况，立刻派技术一科相关人员赶往阳光电源的总部合肥现场查看详情。在仔细分析了卡簧受力的工况之后，技术一科的人员认为，由于断路器合分操作时，卡簧会受到较大的冲击力，大开口设计的卡簧如果受力反复震动，在某些不利的角度下会使它受到很大的交变应力，从而使其断裂脱落。在反复研讨之后，技术一科将原来的卡簧更换为轴用挡圈，轴用挡圈开口小，受冲击时的应力低，具有稳定可靠的高机械寿命，卡簧的包裹性更好，经过验证效果也很好。只是装配环节比较麻烦，需要人工使用专用的卡圈钳进行安装。常开后来还将这一小改动推广到其他产品中去，对于那些操作寿命要求 10000 次以上，特别是新能源行业使用的要求操作寿命在 20000 次以上的产品，就将卡簧换成轴用挡圈。

经过改进后的 CW1-2000C 获得了阳光电源的充分认可，该产品的供应量也逐年增大，2020 年突破 2800 套，2021 年突破 3500 套，到 2022 年超过 5000 套，2023 年则实现 10000 套，成为名副其实的销售爆款。

像 CW1-2000C 这样，针对客户需求打造爆款的实例还有很多，如基于 CW3 系列基础的多个拓展性产品。从 2013 年到 2023 年，CW3 系列每年都有几款新型号问世，从长寿命到高可靠性等，各种特性不一而足。而在正式立项投入 CM6 系列的研发之前，常开对 CM 系列的主要精力是放在原有几代产品的升级换代上的，如在 2014 年研发了面向高端市场的 CM5 全系列产品。

之所以将很多精力放在原有产品的升级换代上，其中一个原因是常开对当时的技术和市场的双重判断。21 世纪以来，在技术方面，计算机技术、物联网、云计算、大数据等开始迅速发展，但将智能制造技术、信息化技术融入低压电器的设计和制造之中，则是在第一个十年过后。因此从 2015 年开始，常开才陆续启动了两个"六系列"新品的研发工作，并经过三年的市场调研，于 2017 年正式立项。在市场方面，从常开的两大类产品来看，塑料外壳式断路器的量产化到 2010 年以后已经达到百万台级别；而智能型万能式断路器的用户对产品的细分需求越来越多，产品的增长率也比较高。常开的技术部门在一段时间内，将主要精力集中于产品的升级换代，因而在两个"六系列"新品开始研制之前的这段时期内，出现了一些销售爆款。

第六节　CW6 的线上首发

2020 年 6 月 4 日，管瑞良比平时上班早来了十多分钟，他和技术条线的总经理助理俞晓峰简单碰了下头，询问了一下当天的主要工作安排之后说："上午我都在公司五楼会议室开会，有事等我回来或者微信留言，不要打电话。"

俞晓峰已经从总师办那里知道管瑞良当天有直播活动，看到管瑞良的穿着格外干净利落，打趣道："管总今天穿得很精神啊，要成网红了。"

管瑞良有点苦恼地一笑，很认真地解释："哎呀，我昨天晚上还特地把衬衣熨了一下，好久不用熨斗了，找了半天。"

走进公司五楼的大会议室，管瑞良一眼看到一个两米见方的宣传背板竖立在长条桌后面，上有两行大字，"CW6 智能型万能式断路器　助力医疗建筑高可靠运行"，背板还装饰有常开鲜明的红色标志，长条桌侧面支着一顶白色的反光伞，正对着桌子的则是两架摄影仪，旁边还有两个明晃晃的落地灯箱，地上脱垂着好几绺电线。这就是传说中的直播室了，管瑞良心中暗忖。

2016年，电商直播开始在中国兴起，短短几年，行业规模爆发式增长，购物网站、短视频及社交平台等纷纷加入电商直播大军。特别是随着新冠疫情对传统行业的冲击，线下店铺经营受阻，电商直播凭借线上平台优势持续发展，成为企业寻求销量增长的新渠道和商业店铺复工的新工具。常开的日常运营也受到了新冠疫情的影响；销售人员无法出差，公司的人员进出都要层层检查核酸阴性证明与健康码。不过令人欣慰的是，在全国经济普遍受到冲击的情况下，公司的业绩却逆势上扬：2020年3月，公司销售企稳回升；4月销售额突破历史同期最高纪录；5月6日当天，元件销售额突破2000万元，创下单日元件销售历史新纪录。

由于对疫情防控的变化很难预期，再加上电商直播的示范效应，尽管公司制造的是传统工业产品，常开还是决定尝试一下直播这种最新的销售推广方式。

看见管瑞良走进来，几个工作人员很快安排他坐好，并开始调试光源和摄影机器，还给他戴上耳麦。

从二十年前担任常开的中层干部起，管瑞良在各种场合面向不同的受众做过不计其数的产品讲解，一直都应对自如。这其中既有上千人的行业大会，面对行业领导、同行及客户；也包括率领几十人的调研团队，陪同各级政府领导等到车间进行现场讲解；还有一对一地接受新闻媒体的专访。今天首次坐在直播间，完全是他一个人面对着摄影机，他感到有点不习惯，尽管初夏时分的会议室已经开了空调，但在几个高热度的摄影灯的照射下，他还是被烘烤得微微出汗。

不过一旦直播正式开始，管瑞良谈起产品的优点和研发过程来，就完全进入了角色。CW6 系列产品的领先创新之处被他言简意赅地总结为"五新"，即全新机构、全新智能控制器、全新本体、全新附件、全新抽屉。他还不无骄傲地谈到，由于自有技术及其创新点颇多，从操作机构、部件到脱扣器设计完全源自自有技术，因而仅此一个产品就获得专利授权 110 余件。在长达七年的研发过程中，常开经历了前期调研、正式立项、初始样机试制及验证，以及反复修改敲定四个时期，其间的艰辛不一而足。管瑞良还专门针对此次推广的医疗建筑行业，讲解了 CW6 系列具体应用场景的一些问题。

从早上九点正式开讲起，直播间里的热度就不断攀升，观众人数也不断冲高，最高峰时达到 1.6 万人。坐在电脑前的管瑞良眼看着直播界面不断刷新，一直在冒出连串的点赞和红心表情包，还有很多鼓励赞许的话语，"祝贺常开新品问世！""我们希望常开的开关代代相传下去！"观众的热烈回应让他兴奋不已，100 分钟的直播，他一直滔滔不绝，直至演播结束还意犹未尽。

由于直播时有些问题没来得及现场解答，等到活动结束，管瑞良刚刚下线，手机铃声马上就响了起来，打来的不仅有国内外同行，还有客户如华为公司的设计师，以及行业领导等，电话从中午一直持续到晚上。随后的一周，管瑞良仍是电话不断，惹得周围的同事跟他开玩笑："管总真的是网红了。"

由于常开之前 CW6、CM6 两大系列新品的研制工作一直处于保密状态，因此当常开静悄悄地研究了近十年的细节一经公布，立即引起了行业的热议，很多专家给予高度评价。中国勘察设计协会电气分会会长欧阳东在一次公开讲话中还专门提到常开的全新一代智能型万能式断路器 CW6 系列及塑料外壳式断路器 CM6 系列，称其为：独具匠心地打造了国内全新一代断路器新形象，从外观到内部核心部件均实现了完全的自主知识产权，也是低压行业配电系统"中国芯"产品。

就在首发当月，原机械工业部副部长沈烈初还专门赶到常开调研一周，并以80多岁的高龄亲自撰文《十年磨一剑　常熟开关脱胎换骨——CW6及CM6断路器诞生的启示》。文章长达6000多字，高度赞扬了常开的新品研发工作以及两代人的努力："这是唐春潮同志自1991年起主持常开，又在2010年底交棒给王春华同志，两代掌门人带领全厂同仁近三十年奋斗的结果。他们领导全厂职工，把握改革开放的历史机遇，从学着走、跟着走、并肩走到超越走，其中披荆斩棘的艰苦历程，值得大家点赞与喝彩。三十而立，耀眼成果，这是向建党100周年和中华民族完成小康计划献上的一份厚礼。"

第六章　常开技术特色

放眼整个低压电器行业，常开是一个非常独特的存在。

为什么常开当初能够突破行业联合设计的框架，凭一己之力推出集行业之大成的创新性CM及CW系列产品？常开的技术创新性又来自哪里？为什么近十年来常开的技术水平一直保持领先地位？常开的技术创新能力如此之强，是因为有什么秘诀，常开对技术人员有什么额外的优惠政策吗？

应该说，常开技术创新的持续引领性是一个综合因素的结果，而"夹心层"的说法是对常开的技术创新能力的一个形象概括。

在行业内有这样一种划分方法：如果以国内和国际企业的角度作区分，低压电器制造行业则可以划分为三个阵营——国内企业、常开、国外企业。

对于常开而言，其在低压断路器行业，既不属于国内企业，也不属于国外企业，而是单列出来的一个"夹心层"。

第一节 预研独立

刘洪武及其所在的科室在常开几乎可以说是一个独特的存在。

刘洪武毕业于西安交通大学电气专业，从本科到博士一直在本校就读。2005年博士毕业那年，只是因为跟着导师来常开参观了一趟，就被前董事长唐春潮"盯"上了，由此加入常开，成为常开建厂三十年来的第一位博士。

与绝大多数常开员工不同，刘洪武既不是常熟本地人，也不是本省人，而是远在西南边陲的云南人。进厂不久，他就在公司领导的牵线搭桥之下，和本厂一位姑娘结婚，从此在常开一干就是近二十年。

而于2006年首次成立的电器设计研究室，几乎就是为刘洪武量身打造的。就在这一年，"预研"的概念开始在常开的技术体系中建立起来。

所谓预研，就是预先研究，为常开所有的技术研究科室提供基础支撑平台。

电器设计研究室的基础支撑并不是对基础学科如物理、数学等进行的理论研究，而是围绕断路器行业，研究产品设计原理和控制工程原则。

电器设计研究室承担着两大任务，一是对断路器关键技术的研究，如"开断电弧的磁流体动力学研究""基于数字模型的电器设计方法研究"等，为产品研发奠定理论基础。电器设计研究室有时也会根据具体情况，介入新品的预先研究，如应用于新能源行业直流状态下的断路器的工作原理，为进行具体产品研发的科室提供技术支撑。二是对产品应用的研究，其中一个典型代表就是建立仿真平台。在电器设计研究室成立以前，产品完成设计后需要生产出实物，通过各种试验来检测其各项性能指标，所耗费的时间和人力、物力成本较多。而仿真平台则省去了实物制造，只需将产品设计图纸输入计算机就可模拟其工况，再根据具体运作情况进行调整和修改。

作为常开的技术总负责人，管瑞良对电器设计研究室的工作性质和特点总结出如下几点：

第一，技术的引领性。低压电器合成了机械、电子、机电一体化等多种技术，要实现产品质量的可靠性和应用的方便性，不仅需要大量的技术和经验积累，还需要随时关注和掌握各项相关技术的最新发展，以便为断路器产品的研发提供思路和方向。

第二，原则上不考核。按照公司的安排，所有的部门包括技术科室在内，要进行KPI考核，唯有电器设计研究室不在其中。如果说有考核的话，电器设计研究室是参照高校的课题和科研项目，分开题、中期、结题几个阶段，最后由内部组成的专家评审组进行审定。

第三，不唯市场需求论。由于预研基本都是理论性的课题，因而这里几乎是常开不论市场和客户原则的唯一的部门。

第四，预研课题不由科室决定。课题由管瑞良基于行业形势的判断和调研亲自确定，最后的技术成果也由公司领导班子统一安排利用。

第五，不一定有结果。对此管瑞良坦陈，大多数的技术科室是"烧钱"的，可能形不成技术，也不能形成产品，电器设计研究室更是如此。

尽管如此，常开能够成为国内唯一一家从理论研究、技术研究直到产品转化的行业企业，电器设计研究室功不可没。这一点，在两个"六系列"新品的研发中，也得到了充分的体现。

技术一科在研制 CW6 智能型万能式断路器时，将 CW6-2000 确定为首选机型。设计图完成后，拿到电器设计研究室做仿真研究。由于操作机构是全新的设置，且结构复杂，原有的工程算法已经不能够满足要求，于是技术一科委托电器设计研究室进行应力分析的计算。在电器设计研究室的协助下，CW6-2000 的结构稳定性得到了确认，完成了项目验收。

后来，技术一科开始研制 CW6-5000 的升级机型。CW6-5000 的结构在 CW6-2000 的基础上做了局部强化，但由于它的短路电流指标值要比 CW6-2000 大得多，因此没有通过第一次仿真实验。在两个科室的共同探讨下，大家认为可能是操作机构的稳定性不够。尽管以前进行过 CW6-2000 的应力分析，但新机型在新的框架下还需要重新计算，因此结合实验的变形量，再次计算操作机构的受力情况，并由技术一科调整了设计方案。

在开发两个"六系列"新品的过程中，为了适应市场的竞争节奏，常开将这种预先思维又拓展到模型环节，即在预研以及之后的模型阶段预先解决问题，以保证生产环节的高可靠性和高质量。2020 年 CW6、CM6 系列以及成套柜 6.0 基本同时推向市场，对外都是零故障，正是得益于这种新的开发模式。

这种高瞻远瞩的预备研发方式，在常开经过近二十年的发展，已越来越呈体系化，从课题的选择与审定以及人员的奖励等，都有一套完善的方法，电器设计研究室的人员数量也从最初的四五位增加到现在的十六位。尽管该科室的人数并不算多，但却一直保持着"学历最高"的美誉。包括刘洪武在内，电器设计研究室共有 3 名博士，占全公司博士总数的四分之三。

第二节　分离与融合

在常开的技术组织体系中，能清晰地看到一个"分离"的思路，即管瑞良命名的"五分离"——研究分离、工艺分离、预研分离、软硬件分离、管理分离。

研究分离是指按照产品的种类，分种类设置科室，如常开的两大当家系列产品，技术一科主要研制智能型万能式断路器，技术二科主要研制塑料外壳式断路器。除此之外，常开还研发和生产其他一些相关的电器产品，如电力电子电器、工业控制电器、中压电器、成套电器等。在技术部门的13个科室中，负责研究产品的科室共有8个，这是技术组织部门的主体。

这8个科室的研发分工，有点类似20世纪末期低压电器行业联合设计的概念。所谓联合设计，是将产品的零部件研发分派到不同的企业，再由当时唯一的行业研究机构上海电器科学研究所低压电器所来集成。而在常开，断路器的研制则分成主体、系统等部件分派到不同部门。以CW6系列智能型万能式断路器的研制为例，技术一科负责CW6系列的主体研制工作，技术四科负责智能控制系统研究。

工艺分离的应用时间较早，常开成立之初，每个车间就配有若干名工艺员，负责处理生产中的工艺问题。只是到2005年，工艺部门才重新整合形成工装工艺科，以原来的技术五科人员为主，并统辖各个车间的工艺员队伍。应该说，工装工艺科在一般的制造业企业中是一个比较常见的部门设置。但当"工艺分离"的思路进一步强化，2014年组装工艺科成立时，常开的"工艺分离"就凸显出别具一格的特色了。别说外人分不清工装工艺科和组装工艺科的区别，就是在组装工艺科成立之初，常开在廓清两个工艺类科室的职能与分工时，也花费了一段时间。而正是在王春华的力推下，组装工艺科的设置使得常开在设备自制，特别是在自动化、智能化生产线的建设上，发挥了重要作用。常开还恢复了总工艺师的职位设置，由组装工艺科科长周振忠担任副总工艺师。

预研分离则是常开"五分离"中的另一个特色，2006年成立的电器设计研究室，前置了技术研发工作，为产品研发奠定了理论基础。

在常开13个技术部门中，还有一条融合的思路。

有三个平台是所有部门共有共用的：电器设计研究室、专利情报研究室及总师办。电器设计研究室接受总工程师管瑞良的安排，开展的各种课题研究成果为所有技术部门共享，也为所有技术科室提供理论支持与服务。

任何技术的核心最终都要形成知识产权，像常开这样大量进行原创设计的企业，每年有很多的专利需要申请保护。而在产品设计的过程中，还需要规避他人的专利壁垒，并能从已发布的专利中观察到行业技术发展的方向，因此专利情报研究室需要的是技术知识宽泛同时又懂法律的通才。现任主任王云峰是2005年从西安交通大学引进的硕士毕业生，和电器设计研究室的主任刘洪武为校友。再加上技术九科的科长李志鹏博士，仅仅一个常开，就有多名西安交通大学的毕业生。难怪有人笑称，可以在常熟成立西安交通大学的校友会了。王云峰不仅专业对口，而且曾在从事预研的部门电器设计研究室经受了几年锻炼，如今对专利情报的研究已经驾轻就熟。专利情报研究室现有10名员工，特设了专职专利员，分产品与各个科室相对应。

还有一种形式的技术融合，即"三位一体"的并集。在常开，既有单独元件的开发，又有成套配电柜的开发，还有电力电子器件的开发，如变流器、电子开关和电子交流电力控制器等。因此，常开成为业内不仅研究断路器产品本身，还研究产品应用的唯一企业，成套配电柜是断路器等元件的集成产品，而电力电子器件也是断路器的应用产品之一。

在分离与融合交错的技术框架中，常开的研发呈现出"新、快、优"的独特性。

尽管断路器从属于传统的电器制造行业，但随着各项新技术的发展，以能效管理、边缘计算、智能应用等为特色形成了配电系统的智慧大脑，催生出数字化、信息化、智能化、互联化为一体的工业 IT 产品，常开研发的两个"六系列"产品充分体现了这个"新"字。

以前常开进行产品研发时采用的是一个规格结束后再研发另一个规格的方式，一个产品系列完成的时间较长，约十年。从两个"六系列"新品开始，常开将研发方式改为所有产品规格研究结束之后再推向市场，不仅研究周期缩短为 6~7 年，而且增强了新品研发的保密性。同时，应市场需求，常开在新能源行业的产品研发速度则更快，往往一年甚至半年就推出一个新品，以此开拓新的应用领域。

"优"，主要是指产品质量，可靠性是产品质量一个非常重要的竞争指标。目前常开的 PPM 为 400，即不良件比例在百万分之四百以下，远远领先于行业水平。通过设计环节的预研等方式事先推演量产化的工况，将所有可能出现的问题解决在交付生产环节之前，从而保障了产品的可靠性。

第三节　对技术人员的倾斜

时至今日，常开在很多人眼中属于一家民营企业。但回溯常开五十年的发展历史，如果从股权结构来定义，应该说是一家国有参股的混合所有制企业。

从 1998 年开始历经 8 次改制，常开从一家地方国营企业到 2008 年以来成为国有参股的有限责任公司。因为曾经有全员持股的历史，因此常开按照国家对改制的相关要求，通过委托出资的方式，仍然保有员工的股份。再加上改制后常开的业绩一直保持年年增长的态势，因此员工收入结构中的股份收入占有一定的比例。

因而在常开，股份的多少，每年股息分红的高低，往往更让员工们在意。而在股份上优待技术人员，则成为对技术人员最直接而有效的倾斜政策。

技术人员入职满一年，经考核合格，可以出资6份股份，第二年表现优秀，可以增加2份股份。常开将所有员工分成生产、技术、销售、管理四大条线进行管理。技术人员分成5个级别，毕业生分配到技术科室，从B1级别开始，两三年之后考核合格，可晋升至B2级别；再过两三年，考评合格成为B3级别；B4级别的要求较高，需能独立开展项目研究；B5级别则要成为项目组的负责人。在5个级别之上，才是科长助理、副科长、科长这些中层干部。与其他几个条线的员工相比，技术人员的晋升台阶划分得更细致，时间间隔也较短，这也就意味着每过两三年，技术人员的股份就会有所增加，这显然增强了年轻技术人员的前进动力，并为他们提供更多的成长空间。

对于引进类型的技术人员，他们则享有更为优惠的股份政策。如引进的技术专家或者博士等高学历毕业生，入职就可以获得20份股份。

在现有的30名股东中，技术人员也占有相当的比例。这其中不仅有改制之初就是股东的技术干部，还包括股份流转后增补的新股东，这对于加强中高层技术干部的稳定性具有显著的作用。不仅在低压电器行业，就是在一般的制造业，都有一种群聚效应。一旦哪个地区有一家行业知名企业兴起，周围会诞生很多同类企业。这些跟随者限于技术力量薄弱，往往会到知名企业"挖人"，因此一些知名企业的技术人员退休后都成了"香饽饽"，为其他同行企业所争抢，而他们中的很多人则选择到其他企业发挥余热。但在常熟却见不到这种现象，迄今为止常开的技术干部没有一个人在正式退休后到其他同行企业工作的，因此周边的同类企业极少，在常熟做断路器的就仅常开一家。对此，不少常开的技术干部们笑称，"在岗期间对脑力的消耗太大，干累了"，有些干部则更为直率："退股偿还的本息，加上退休工资已经足够养老了。"

另外，相对于其他岗位的员工，技术人员提拔任用的机会也相对更大一些。在常开，有一个比较有特色的现象，就是有不少车间主任是从技术科室转调过来的。八个车间中，一车间主任黄韶平、三车间主任周文军、四车间主任杨义东、八车间主任徐庆丰，都是当年常开招聘的相关专业的大学毕业生，且在技术科室有不同的工作年限，后来才提拔转入生产条线。五车间主任李春华大学毕业入职后曾经在企业管理办公室工作，严格来说属于管理条线的干部，其实也有广义的技术干部的概念。如此算来，技术干部在生产条线的中层干部中至少占到一半的比例。

就连公司现任生产条线的副总经理王炯华，也曾是行业内鼎鼎大名的技术干部，担任技术二科科长达十年之久。他负责研发的多项塑料外壳式断路器产品被列入国家级、省市级科技计划项目，并分别获得国家重点新产品、江苏省高新技术产品等称号，公司内还有以他的名字命名的"劳模创新工作室"，仅他参与设计的专利就高达100多项。对于转调生产条线一事，在技术条线战斗了二十五年的王炯华笑道："我调任的时候，CM6系列塑料外壳式断路器的框架基本搭好了，下一步就要开始试生产了，因为框架设计的任务我已经基本完成了，所以被领导派来管生产。"无独有偶，杨义东回忆当年从技术八科提拔为七车间副主任时称："七车间当时生产的产品，是我从头到尾主导设计的，我闭着眼睛都能知道产品的每一个零件构成，所以被领导从技术岗位调到生产车间。"

员工的学历培养，是常开一直延续多年的传统。不管是哪个岗位，只要参加学习能够通过国家相关考试获得学位或者技术职称，就可以报销之前所有的学习费用。常开现在的四位博士中，就有两位是通过委托培养的方式获得学位的。对此，技术条线总经理助理兼技术七科科长顾怡文称："我们那时候都愿意参加学历提升的学习，每年大概花 3 万元。只要最后能考上，费用厂里都会报销。"

由于常熟的地域特点，常开的员工绝大部分是本地人，即使有个别引进的技术人员，整体技术人员中本地人的比例也高达 95% 以上。为了留住这些为数不多的外地毕业生，常开的一个传统"笼络"手段就是让他们与本地人联姻。迄今为止，已经有好几位外地毕业生在常熟安家立业，这也算是常开对外地技术人员的"特别"照顾了。

第四节　凭空营造的"夹心层"

常开于 1974 年建厂，到 20 世纪 90 年代开始发力，从一个地方国营小厂一跃而成为行业领先企业，半个世纪风雨无惧、波澜不惊，即使是在全球新冠病毒感染肆虐之时，常开也保持着难能可贵的逆势增长，2022 年销售收入首次突破 30 亿元，利税均创历史新高。其中的原因让人忍不住要探个究竟。

新中国成立以来，我国低压电器行业曾经涌现过一批知名企业，如沈阳低压开关厂、哈尔滨低压电器厂、北京低压电器厂、天津低压电器厂、上海人民电器厂、贵州遵义长征低压电器厂等。计划经济三十年间，这些企业主宰着中国低压电器产品的供应。

改革开放以后，随着市场经济的发展，低压电器制造领域逐渐分化成三个阵营：以正泰、德力西为首的温州民营企业；常开及上海人民电器厂等一批改制企业；以 ABB、西门子、施耐德电气等为代表的外资企业。

在行业内有这样一种划分方法：如果以国内和国外企业的角度作区分，低压电器制造行业则可以划分为三个阵营——国内企业、常开、国外企业。为什么常开能够单列出来，成为一个"夹心层"？

"夹心层"的形成，一个关键原因在于20世纪90年代常开做出的一个创举。

在常开的 CM1 系列推出之前，低压电器行业有联合设计的传统。当时的国家级行业研究所上海电器科学研究所统筹全国行业企业，将低压电器产品拆分成若干零部件分派给各个行业企业研发，再将零部件研发成果整合成最终产品。这些行业企业中有曾经大名鼎鼎的沈阳低压开关厂、北京低压电器厂、上海人民电器厂等。而常开作为地方国企，尚不在这个联合之列。平心而论，联合设计其实是我国在计划经济中后期，突破苏联模式开展自行设计的创举，在当时具有进步性。

然而，当20世纪90年代来临，原有的联合设计节奏难以跟上市场经济步伐时，是常开这个"列"外企业突破了联合设计的惯例，集联合之大成，由自己一家企业独立承担了从零部件到最终产品的研发和制造任务，在当时堪称是石破天惊之举。因此管瑞良将之定义为"行业性的突破"，而当时远在西安尚为学子的刘洪武，也了解到这样一个"轰动行业的事件"。

从 CM 系列塑料外壳式断路器的横空出世，到 CW 系列智能型万能式断路器全系列的成功开发，在国内行业企业中，只有常开产品的基本参数与性能与国外企业相仿。但就价格而言，相比国外企业偏低，却比国内企业高出不少。由此形成了这个不在国内企业，又不在国外企业之列的"夹心层"。

此后的几十年，常开一直有"一个拉大，一个缩小"的说法。所谓"拉大"，即拉大与一般国内行业企业的距离；而"缩小"，即是缩小与国外大牌企业的差距。这其实就是要保持"一前一后"两个距离，让自己始终停留在"夹心层"的位置。

尽管常开的 CM 和 CW 一代产品在国内市场上是一枝独秀，但产品迭代以及专利保护周期的时限，都使得任何新品独领风骚的时间只能保持 10~15 年。要想"拉大"距离，就需要不断推陈出新。多年来，常开在塑料外壳式断路器和智能型万能式断路器两类产品上持续发力，陆续推出迭代产品。

为了保持技术的持续领先优势，常开将独立研发的链条延伸到关键零件，如开发制造自己的智能控制器等，同时注重研发与生产的过渡与转化，攻克工艺和制造关键技术的难点。这其中包括自动化焊接工艺、关键件的模具开发和制造技术等。将关键件的研发和制造技术掌握在自己手里，使得常开的技术优势更为明显，并使之成为国内为数不多地掌握从设备、零部件直到产品核心技术的企业之一。

开发一代、储备一代。常开面向客户的新品开发和储备性基础研究项目的比例为 6∶4，2023 年处于储备的研发项目达 21 项。能够拿出几乎一半的技术力量来做储备性基础研究，经过三十年历练的常开，如今的研发实力可见一斑。

而要"缩小"与国外大牌企业的差距，其难度则更高。最初常开在推出塑料外壳式断路器和智能型万能式断路器两类新品时，还难以摆脱模仿的影子，而在独立开发的早期也曾经购买过上海电器科学研究所的图纸。然而要对标世界一流企业，实现行业引领，画一个实实在在的"中国面孔"，不啻为当务之急。近十年来，常开在产品指标方面已经与跨国公司相差无几，然而在综合服务能力、可靠性保障，以及基础工程经验的积累方面，仍然存在着不容忽视的差距。在管瑞良看来，低压电器专业更像是一门实验科学，一个实操性、经验性非常重要的学科。因此他自定义为"工程师"，而不是科学家，需要将图纸工程化。与具有几百年发展历史的跨国公司相比，常开的时间积累实在还是太短。

因此，常开注重积累，哪怕是失败的积累，也是非常宝贵的。就像从质量条线转战销售条线的副总经理唐伟非常形象的一句话：经验都是弯路走出来的，技术是"喂"出来的。管瑞良则很自豪地说："技术部门的研发经费是不需要审的，因为我们是先用再算的。"

曾经有一位行业人士向管瑞良请教常开年年常新的秘诀，管瑞良跟他开玩笑，"我们是'乡下人'，乡下人最大的特点就是专注于自己的'土地'，所以我们不研究其他浮华的东西来干扰心思，而是专注于自己研究的课题和专业，又怎么会干不好呢？"

时隔多年，当管瑞良再回忆起此事，他十分郑重地加上了一段续语："专注不代表水平，我们是把专注作为出发点，再加上一个过程，这个过程就是不断学习新的技术、新的方法、新的思路，同时以市场为导向，不断提升自己。"

这大概就是常开多年来稳居"夹心层"、技术持续领先的真谛所在吧。

第三编
浪淘沙

汤武偶相逢。风虎云龙。兴王只在笑谈中。直至如今千载后，谁与争功。

——《浪淘沙令·伊吕两衰翁》

（宋）王安石

第七章　客户群再定位

　　就像"家家都有一本难念的经"一样，每个行业都有各自的销售难点。

　　低压电器销售的一个特点是销售链条长，以工程项目的销售为例，客户链条包括设计方、项目承包方，最后才到达项目的客户端——甲方。

　　以前常开的销售方式遵循"基本建设法"的主线，即跟着基本建设项目开展销售，再结合中国配电市场的特点，其销售的主攻方向为国内各大设计院。只要某个断路器型号"上图"，即被设计院规划到工程项目之中，就基本实现了断路器的销售。20世纪90年代开始，常开绕开了断路器行业通常所走的机电供销公司的路径，转而采用独树一帜的方法，并与具有技术突破性特点的塑料外壳式断路器以及智能型万能式断路器产品结合，为常开日后在行业的声名鹊起打下了坚实的基础。

　　客户行业的变化，必然涉及供应方销售政策的调整。由于各大设计院在采购中的话语权被逐渐弱化，真正的终端客户即工程甲方开始在采购中拥有越来越大的话语权。因此，从2005年开始，常开单一依托设计院的销售模式逐步调整为设计院、甲方、承包方（包括成套厂）三管齐下。

第一节　画两张像

正式接任董事长后，销售对于王春华来说是一个最省心又最让他牵挂的部分。

说它省心，是因为王春华在执掌常开之前，担任主管销售的副总经理有近十年之久。不论是成套开关柜还是元件断路器的销售，外部客户的掌握，内部销售人员的管理和订单的把控等，他都十分熟悉。

而让他牵挂的是，销售是企业的命脉，是企业运转及其生产经营活动开展的源头。如何与时俱进，完善原有的销售制度和管理规范，是他要着重解决的问题。

就像"家家都有一本难念的经"一样，每个行业也有各自的销售难点。

在配电用户领域，向来存在一种说法，即"采购者不使用，使用者不采购"的现象。特别是在工程建设项目中，甲方即最终的客户，往往将具体建设事宜承包出去，由承包方决定整体建设中的各种材料选用，其中包括配电设备以及元件的品牌。而在承包方后面还有两个环节，第一个环节是工程项目的设计方，即国内各大设计院，它们为各种工程建设项目规划方案，从而在材料采购中发挥着不容忽视的作用；第二个环节是工程项目所用配电设备的生产方，即成套厂，它们将各种电器元件包括断路器组合成开关柜，供工程使用。

随着市场竞争的加剧，甲方对工程建设中的各项开支越来越关注，对建设各项材料包括配电设备及其元件的采购越来越懂行，参与采购的程度也越来越深。如此一来，设备以及元件供应商开始更多地与甲方面对面，甲方在元件产品采购中的权重也越来越高。

以前常开的销售方式遵循"基本建设法"的主线，即跟着基本建设项目开展销售，再结合中国配电市场的特点，其销售的主攻方向为国内各大工业设计院。只要某个断路器型号"上图"，即被设计院规划到工程项目之中，就基本实现了断路器的销售。20世纪90年代开始，常开绕开了断路器行业通常所走的机电公司销售的路径，转而采用独树一帜的方法，并与具有技术突破性特点的塑料外壳式断路器以及智能型万能式断路器产品结合，为常开日后在行业的声名鹊起打下了坚实的基础。

客户行业的变化，必然涉及供应方销售政策的调整。由于各大设计院在采购中的话语权被逐渐弱化，真正的终端客户即工程甲方开始在采购中拥有越来越大的话语权。因此，从2005年开始，常开单一依托工业设计院的销售模式逐步调整为设计院、甲方、承包方（其中包括成套厂）三管齐下。

和销售部门一起，重新为客户画像，是王春华着手调整销售政策的首要之举。

也许是与王春华技术干部的出身有关，他对企业的管理方式在很多方面显现出环环相扣、细致入微、严谨缜密的特点。即使是人性化程度较高的销售工作，也不例外。

比如，在分析成套厂客户方时，王春华绘就了一幅层层递进的结构图：

第一，统计出中国成套厂的数量为4万多家。

第二，按销售统计，成套厂年销售额为5000万~1亿元的企业有1400多家，1亿~5亿元的企业有500多家，5亿元以上的有六七十家。

第三，此时常开的成套业务量在全国排在第 70 位，排列在常开之前的企业分布在哪些地方，它们的年采购量分别是多少？

第四，稳定订购常开断路器的成套厂都是哪些，它们每天、每周、每月、每季、每年的订货量分别是多少？

第五，客户主动选型的比例是多少？

给成套厂的客户群画完像，再给自己画像。

常开销售工作的强项在哪些行业，不足又在何处？

两张像画完，结论也就出来了。

常开需要瞄准的是那些"对质量有高要求的客户"，这些客户往往自身品牌效应强，对配套元件的要求较高，属于规模企业。与客户图像相对应的，就是那些年销售额至少在 5000 万元以上的成套厂。

王春华讲话时经常会出现"顶针式回环"的语言特征，即用前面结尾的词语或句子做下一句的开头，在前一个事件的叙述中突然联想跳跃到后一个事件，等到后一个事件叙述完成，再回头论述前一个事件。但其中无论哪一个事件的论述，前后语境中总有一个强大逻辑和直指核心的特质。这一方面是秉承了学门出身的研究型思维，另一方面是在多年的工作历练中不断受到国内外先进企业的启发，养成了对所见所闻都要细心揣摩研究一番的习惯。

王春华为家中添置空调时购买了商家陈列的样机，很多人起初都只当作传闻。他们不敢相信，一个企业的一把手为什么要买样机？按照普通消费者的逻辑，既然添置新家电，就要买新机，而不是购买用以展示的样机。而王春华购买样机当然不是冲着价格去的，那么真实的原因是什么呢？原来，经过研究，他发现样机的质量最好，性能最稳定。这其实是工业制造行业的普遍现象，因为样机要用来展示，批量都较小，所以生产和检测过程相比一般大规模流水线作业的产品更为严格。所以在常开内部流传着，但凡购买大型耐用消费品，包括出国买家电，大家一致的看法是："王董事长买什么，我们就买什么，绝对没错！"

而王春华对样机现象则有更深层的思考，他反其道而行之，要求常开把每个产品都当作样机来做。因而常开的样品并不是单独生产的，而是在批量产品中任意抽样，每一个产品都是样机，每一个产品都具备样机的质量标准。

对于客户的研究也是这样，王春华往往遵循严密的逻辑，细心研究客户的各种喜好，由表及里、由浅入深，找到对应常开产品的潜力购买企业，最终获取订单。

第二节 元件销售的套路

2012年阳春三月，正是莺飞草长、万物复苏的季节。时任元件业务一科销售员的陈超正式走上新的工作岗位，跟随一位老同事，即他的业务师傅，从常熟乘坐3个多小时的大巴车来到杭州。从这天开始，他就跟随一个四五人的团队负责常开在整个杭州地区的元件销售业务。

第一站，师傅就将他领到杭州一家一级经销商——杭州众业达电器有限公司（简称"众业达电器"）。这是常开在杭州的两家经销商之一，也是国内一家较有名气的低压电气分销商，整个公司有一百多人。由于众业达电器在低压电气分销渠道的实力雄厚，常开在浙江的业务量随之逐年增长，并成为众业达电器的重要合作伙伴。

刚跟这家经销商的工作人员混了个脸熟，师傅又领着他马不停蹄地拜访设计院、成套厂、甲方客户。虽然陈超在入职常开之前，在轻工食品机械行业做过三年的销售工作，对电器也略知一二，但几天的工作下来，他才发现低压电器行业的销售方式完全不同。

作为元件，断路器并不能单独使用，而是要配置到最终产品如配电柜中才能进入客户端。为了让客户最终选用自己的产品，低压断路器的销售不像在食品机械行业那样只需要关注客户，而是增加到三个环节：首先要绕到最终产品的设计端，那就是为客户配置配电产品的国内各大设计院，在为客户配置配电柜的设计图中，设计员将配电柜整体设计好，包括其中配置的各种元件的型号、规格，甚至是制造厂家，都得一一标注进去。

其次是成套厂。工程建设项目是配电设备的一大用户群，但由于所有的工程项目都具有时间周期，项目组作为甲方代表也属于临时机构，因此每次都是等到工程招标消息发布后，相关的供应商才能与项目组接洽。

成套厂作为配电设备的供应商，不仅对项目消息灵通，而且是元件供应商的下游，所有的元件供应商都需要通过成套厂才能实现最终供货。因此经常去成套厂拜访，则是元件供应商的一个常态。

再次是用户，即产品使用者。

通过师傅的讲解引导与亲身实践，陈超开始明白元件销售中多个关注点的意义所在。为了尽快适应新工作，师傅带着陈超拜访的频率更高了，一天要去三四家，终于在三年之后拿下了当时公司最大的一个订单。

当时的元件业务一科负责浙江地区，而杭州的常驻人员基本就是陈超一个人。为了增强对本地市场的了解，陈超与众业达电器的一位业务经理经常一起开拓杭州市场。这位本地经销商的业务经理确实消息灵通，2015年3月的一天，他在第一时间将2015年国家电网江苏省电力有限公司第一批配网物资协议招标的信息告诉了陈超。

这次招标涉及成套设备共有10个子项目，单个标的总额达数亿元。国家电网招标对产品质量的要求很高，明确指定元件产品需选用施耐德电气、ABB、西门子三大公司及其同等品牌的。按说在这个以国外"三大家"为主要供货商的招标中，国产品牌的入围可能性是很小的。但年轻气盛的陈超并没有放过这个机会，他马上与经销商一起四处拜访，并最终锁定了一家成套厂——杭州世创电子有限公司（简称"世创"）。

世创说来与常开很有渊源，该公司的一位采购人员曾经在常熟工作过，对常开的情况很了解，之前陈超与时任科长丁志刚也多次拜访过世创，见过世创的总经理。其实世创的竞争压力也很大，当时从全国扑到杭州报名参加竞标的成套厂有100多家，绝大部分配置的都是"三大家"的元件，配置国内品牌是否可以胜出，世创也没有绝对的把握。但由于世创对常开的产品非常信任，特别是常开当时主推的CW3系列智能型万能式断路器与CM5系列塑料外壳式断路器，是当时国内智能型万能式断路器与塑料外壳式断路器的顶尖配置，性能不亚于国外品牌，而且在苏州电器科学研究院通过了实验认证，因此世创果断配置常开产品参加了招标。

开标结果一经公布，立刻引发了杭州电器销售市场的轰动。世创成套中标4800万元，其中常开中标的一个标的共38个项目，总计1500万元。能在国家电网项目中一次拿到1000万元以上的订单，这在常开尚属首次，且为截至当时公司史上金额最大的单笔订单，同时这次中标还是对垒外资品牌的一次成功突围。而世创也创下了国家电网的中标纪录，在成套设备界名声大振，由此吸引了包括"三大家"在内的国内外元件制造商上门寻求合作。

在这个经典案例中，可以清晰地看到成套厂的力挺是其成功的关键所在，同时不乏经销商的身影，从而最终达成了三方共赢的结局。因此事后陈超在工作总结中，也深刻体会到元件销售套路的精髓之所在，设计院、成套厂、客户缺一不可。至于实际应用中如何灵活运用，是各个击破、平均用力还是重点突破，就要视具体情况而定了。

第三节　捕捉新市场的新龙头

地处安徽的阳光电源股份有限公司（简称"阳光电源"），上市十余年中一直放量增长，2023 年其营业收入达 722.5 亿元，成为新能源行业上市公司的龙头。很难想象，常开最初对接这一客户的竟然是一个刚从技术岗位转到销售岗位的普通业务员。

沈志浩第一次接触阳光电源是在 2006 年，当时的他被调到元件业务七科，负责安徽地区的工控业务，在推广接触器产品时结识了阳光电源的产品线技术员。

21 世纪的第一个十年，是中国光伏行业的"造富神话"期，诞生了无锡尚德太阳能电力有限公司（简称"尚德"）这样一时风光无两的知名企业。2005 年尚德的赴美上市，使得其创办人施正荣一跃成为中国首富。

与英利、天合光能、阿特斯、晶澳科技、赛维等一批光伏企业相比，当时的阳光电源还只是合肥一家成立了十年的普通企业，为新能源行业提供中小功率集中式光伏逆变器、中小功率风能变流器、UPS 等电源设备。

尽管当时与阳光电源还没有业务往来，但由于国内的光伏行业正处于快速发展阶段，作为需要关注的新行业企业，阳光电源也位列其中，因此沈志浩仍然与之保持一定频率的接触。

21世纪的第二个十年，中国光伏产业遭遇了"生死劫难"。金融危机的阴霾，使国内光伏企业陷入产能过剩的危机，美欧"双反"加上成本倒挂，停产风暴也愈演愈烈，以尚德为代表的一批企业破产重整。

沧海横流方显英雄本色，阳光电源在这一轮痛苦的行业洗牌中奇迹般地挺了过来。2011年扩建新厂房时，鉴于沈志浩五年来持续不断地自荐，阳光电源订购了40多万元的常开断路器。

又过了四年，2015年，沈志浩从熟识的阳光电源技术员那里了解到他们在研发中大功率光伏逆变器，且考虑自主创新方案，因而对常开低压断路器有了需求。沈志浩很快针对阳光电源的具体需求，制定了几套技术配置方案。

由于阳光电源前期一直使用国外ABB等品牌的低压断路器，对常开的产品质量还没有多少把握，因此到年底只给了常开一些零星订单。

此时的阳光电源已非十年前可比，其2015年营收额为45.69亿元。尽管常开拿到的订单量很小，但从销售到技术、生产部门乃至董事长王春华都非常重视此次"大客户的小订单"。为了在产品质量上不输于国外品牌，常开从设计环节开始，专门针对阳光电源的情况精心设计定制化产品，辟出专线生产，并保证检测、物流的充分配合，保质保量并及时地将货物运至客户手中。

在全公司的高度配合下，在阳光电源下达试探性订单的第二年，也就是沈志浩跟踪服务其十年之后，常开迎来了阳光电源订单的大爆发。2016年，阳光电源与常开签订2200万元的供货合同，同时应阳光电源的要求，常开将其升格为公司直供客户，不再由当地经销商负责对接，而是享受公司服务和价格上的优惠政策。

也就是从2016年开始，常开针对阳光电源的服务团队开始常规化和固定化。沈志浩仍然负责与阳光电源的直接对接，服务团队由销售业务科室、客户服务部以及技术、生产、质量部门划拨专人负责，最高峰时团队人数达到几十人。由技术一科科长提拔为总经理助理、副总工程师的俞晓峰，一直负责智能型万能式断路器的研发工作，于2015年成为阳光电源技术支撑的主要负责人。他多次到阳光电源协调解决技术问题，并带领负责塑料外壳式断路器研发的技术二科配合服务。主管技术工作的公司常务副总经理管瑞良，主管质量工作的公司副总经理潘振克也经常出面与阳光电源接洽。从2015年开始，阳光电源每年召开的供应商大会，王春华则一场不落，每次都会亲自参加。

仅仅正式供货一年以后，常开就开始连续获得阳光电源面向供应商颁发的卓越质量奖，截至2022年已经连续六年获此殊荣。阳光电源的很多产品出口国外发达国家，因而对产品的质量要求极高，特别是定制化以及非常规产品，需要在高寒高热或者风沙环境下使用，对配套件可靠性的要求甚至达到了严苛的地步。为了提高元件质量，阳光电源针对八九个不同领域的供应商进行质量考核，设定了产品故障率、供应量等几个关键指标，在众多供应商中展开评比。

尽管常开已经与阳光电源签订了批量供货的合同，但按照阳光电源对供应商的管理规定，常开在正式供货前还需要经历产品研发、试制、测试的漫长过程，有时候仅产品测试过程就长达一年。常开能获得阳光电源的卓越质量奖，并成为低压断路器领域中唯一获奖的供应商，其中的艰难可想而知。

对于常开的辛苦付出，阳光电源给予高度的赞许。与往常一样，善于随时随地学习的王春华不论在工作还是生活中，一旦有了什么感悟，都要将之与常开联系起来，这次也不例外。参加阳光电源供应商大会回来，他即刻联想到常开的供应商管理也应该学习阳光电源，不仅要对供应商严格管理，而且要给他们更多的温暖。

2020年以后，常开来自阳光电源的订单明显攀升。从三四千万元、五六千万元到2023年的破1亿元，其年度供应量在阳光电源同类产品供应商总供应量中的占比高达40%。

在新能源行业，常开不仅能捕捉到行业龙头，并伴随着龙头企业一同成长。这不仅要有一双慧眼，而且还得耐着性子"等得住"，随时关注需求信息"跟得住"，团队作战"守得住"。

第四节　六年敲开华为大门

对于华为这样堪称中国制造典范的企业，几乎所有的供应商都希望被纳入其供应链。2016年，时任常开元件业务一科科长助理的朱宇凯第一次在展会上与华为从事新能源研究的技术人员接触时，心中也升腾起这样的愿望。

如果说以前只是知道成为华为的供应商很难，那么经过一段时间的接触之后，朱宇凯发现，原来是真难。

一般情况下，华为的供应商队伍都是稳定的，轻易不会更换。如果有新的供应商进入，肯定是因为现有的供应商无法提供相关产品，或者现有的供应进度与华为的要求不匹配。另一种情况是华为在研发新品时，需要招募新的供应商。

得知这一情况后，朱宇凯能做的就是随时了解华为的动态和需求信息，并及时将常开的产品研发和生产情况与华为进行交流和沟通，然后就是耐心等待。

在这样长达两年的等待中，一个机会降临了。

华为在研发光伏电站时，其中的一个部件光伏汇流箱需要配套断路器，因此通知朱宇凯让常开先做试品供应。

刚得知这一消息时，朱宇凯还喜不自禁，但很快就感到了压力，他由此深刻体会到了什么是华为的超高技术指标。一般情况下，光伏汇流箱的系统额定交流电压要求达到 400~600 伏，当时市场上系统额定电压最高的产品是 690 伏，但华为却要求常开达到 800~1000 伏，这一指标几乎是行业标准的两倍，并且超过了外资品牌的产品指标。

华为也知道要达到这一标准的难度很大，于是一方面在原有的供应商名单中挑选了两家，另一方面新找了两家行业企业，其中一家就是常开。

深知事关重大，朱宇凯第一时间将情况汇报给上级主管，并最后报知王春华。王春华高度重视，立刻与管瑞良商议调拨精干技术人员，专门成立项目组，力争以最少的时间、最快的速度拿出研发成果。

经过近一年的反复实验与探索，常开最终领先于其他 3 家企业，第一个交出了一份令华为满意的答卷，CM3-AC800/AC1000V 及 CM5-AC800/AC1000V 两款断路器的交流电压达到 1000 伏，并能够给华为小批量供货。

经此一役，常开获得了华为的初步信任，2019 年华为通过供应商向常开订货 1600 多万元。虽然就订单而言，此次并不是常开的大单，但从此打开了华为的突破口，让常开上上下下都兴奋不已。

然而，获得订单和成为华为的合格供应商还是两个概念。为了入围华为合格供应商名列，常开又被考验了三年。

20世纪90年代以来，华为耗费巨资聘用过一批世界知名咨询公司如IBM、麦肯锡等，建立了一套全球化、现代化的公司管理体系，而合格供应商的评定审核体系就是其中一部分。这套十分复杂的供应商管理体系，不仅要考核供应商的生产水平、产品出货量，甚至还包括企业社会责任等。因此在制造业界流传着这样一句话，如果某个企业能够通过华为的供应商审核，那么该企业的产品可以通过全国任意一家检验机构和客户的审核。

按照惯例，华为合格供应商的考验期为两年。一般情况下，鲜有供应商能在第一年的考核中达标，大部分的供应商都要经过第二年考核再淘汰一批，才能通过最后的审核。

此时的常开积攒起了更多的耐心，在两年多的磨炼中经受着严苛的考验。有一次华为在例行审核中，对常开的生产环节就提了100多条审查意见，常开都虚心接受且认真调整。在王春华看来，华为不仅是客户，更是学习对象，华为的经营理念和管理体系非常值得常开效仿和借鉴。这其中就包括王春华想在常开推广实行的"三化一稳定"，即"管理IT化、生产作业自动化、人员专业化，关键岗位人员的稳定"；还有"先进先出"，即物料流动的原则是先进入仓库的物料要先出来。

除日常的不断改进外，常开能在2022年最终成为华为的合格供应商，还有一个关键因素，就是在2020年由常开研发的定制直流断路器让华为看到了常开的技术水平和供应能力。

其时，华为刚刚签约了一个海外储能项目，其中的配电设备需要一款特殊的直流断路器。华为最初委托两家企业供货，但半年多的时间过去，这两家企业均未提供让华为满意的产品。后来华为找到常开，希望其能研发出这种产品。常开用半年多的时间，试生产的产品通过了华为的审核，在几个供应商中脱颖而出，也最终获得了华为的信任，为常开成为合格供应商铺平了最后一段道路。

其实此款断路器的订单并不大，三年累计不过700多万元，但由此而为全球最大的微网储能系统——沙特红海1.3GWh项目供货，而且是其中的核心关键部件，使常开获得了全球性的知名度，这为常开后来获得的沙特阿拉伯王国的项目奠定了基础。

第八章　销售变革

2021年底开始，常开在销售条线进行了一次建厂近五十年来的大变革。

常开将原来按照省份和地域划分的元件销售科室整合成按照华东、华南、华北、华中、西南、西北六个大区划分，同时在大区下设立34个办事处，基本上是一个省（自治区、直辖市）一个办事处，个别经济发达省份的办事处多一些，如江苏有6个办事处。销售条线的管理中枢为市场管理部，兼有外部调研与内部考核职能；首次成立战略客户部，打破按照客户划分的区域概念，以重点行业为划分标准。

常开同时推出了"3332战略"，其核心是清晰的市场定位。"3332战略"中第一个"3"是指三大聚焦，即聚焦工业用户、头部企业、高端替代；第二个"3"是指三大市场，即配电市场、工控市场、海外市场；第三个"3"是指数字化解决方案的三位一体；最后一个"2"是指设计院、成套厂两大渠道。

部门管理体制架构对"3332"战略是回应、保障与落实的关系。

年轻的主管销售的副总经理朱文晓在王春华的支持下主导了这次变革。

为什么要进行如此大的变革？背后的动机和思路又是什么？

第一节　定位高端的"3332战略"

2021年常开的销售系统进行了一次颠覆性的改变，推出了"3332战略"，其核心就是清晰的市场定位。

"3332战略"中第一个"3"是指三大聚焦，即聚焦工业用户、头部企业、高端替代；第二个"3"是指三大市场，即配电市场、工控市场、海外市场；第三个"3"是指数字化解决方案的三位一体；最后一个"2"是指设计院、成套厂两大渠道。

2020年朱文晓被提拔为主管销售的公司副总经理不久，就在王春华的支持下开始了这次变革。

20世纪90年代开始，常开依仗"性能与外资品牌接近，价格与外资品牌拉开差距"的中高端产品，在低压电器行业一鸣惊人。二十多年过去，尽管市场竞争形势已经发生了很大变化，但常开在拓展产品系列的同时，凭借其累积的技术优势仍然在中高端领域保持领先地位。中高端特别是高端仍然是常开发展的方向，这是王春华和朱文晓的共识。

就"3332战略"而言，它的"三大聚焦""三大市场"实际上说的是一回事，即客户群体以及其代表的销售市场。而从这两个定位来看，它所代表的就是高端方向。

在低压电器领域，工业用户所使用的工业产品包括配电及工控产品，相对于民用品而言，工业产品技术复杂、安全指数高、产品售价相对较高，属于高端品类。

头部企业是各行各业的领军企业，元件用量大、产品要求高。其采购的配电、工控产品，同样属于高端产品，是常开主攻的客户群体。

高端替代主要是指要抢占外资品牌 300 亿元的市场份额。二十多年来，常开一直立足于"一个拉大，一个缩小"，把施耐德电气、ABB、西门子这"三大家"当作标杆企业着力去追赶，为的就是能够做到批量替代的那一天。不仅要替代国内的市场，也寄望于将来替代它们的海外市场。

三位一体，即主推"六系列"的"CGZ1 6.0+CW6/CM6+CS-Smartlink"数字化解决方案，这是从单一产品到解决方案的升维。

基于对"客户的需求是根本"的深刻理解，综合考虑常开自身特点及市场形势，王春华和朱文晓为常开选择了高端这一必然方向。

此外，这四个思路之间是互相促进、相辅相成的。前 3 个"3"是关于客户、市场、产品的定位，且这三个方面密不可分、互为因果，实际是一体化的，而最后一个"2"则主要是指实现的途径。销售变革后，为了便于管理，常开推出了人手一份的"销售工作手册"，其中总结了元件销售的模式，即对设计院、甲方、成套厂齐头并进。设计院、成套厂为这种产业链销售模式的"一头一尾"，故以"2"来简称。

"3332 战略"下，是销售条线部门的重构。

常开将原来按照省份和地域划分的元件销售科室整合成按照华东、华南、华北、华中、西南、西北六个大区划分，同时在大区下设立 34 个办事处，基本上是一个省（自治区、直辖市）一个办事处，个别经济发达省份的办事处多一些，如江苏的办事处为 6 个。销售条线的管理中枢为市场管理部，兼有外部调研与内部考核职能；首次成立战略客户部，打破按照客户划分的区域概念，以重点行业为划分标准。在这种管理体制架构中，可以清晰地看到其对"3332 战略"的回应、保障与落实。公司副总经理朱文晓主管销售，副总经理唐伟协助朱文晓工作，朱宇凯、戴建定、朱小华三位皆为总经理助理，各大区经理可以直接向朱文晓汇报工作，能够实现快速响应，体现出组织扁平化的特点。

销售部门的另一个显著变化是人员数量增加三分之一。

多年来，常开的销售员队伍一直稳定在 100 多人，且每年增加有限。在行业中，常开的销售人员配比一直不高。在反复核算之后，朱文晓提出了每位业务员年销售 1000 万元的指标，并从常开的年销售总额倒推人数，最终确定需要 300 人的销售队伍。2020 年销售部门大范围扩张，一下增加了 100 多名业务员。

在销售条线的五位高层领导中，职务最高的公司副总经理朱文晓其实是最年轻的一个。除刚入职常开时做过两年多的技术工作外，十八年来朱文晓一直在销售部门。如果说在常开升职为科级干部一般需要十年的话，那么朱文晓仅用六年就升任总经理助理，再用四年擢升公司副总经理就是平步青云了。永远有着一副精致外表的朱文晓，令他看上去与传统工业这个领域有点不搭，但他浑身上下透着的那股精明劲儿，却让人相信他骨子里的销售天赋。

对于朱文晓这样的年轻猛将，王春华一直是爱护有加，既欣赏他的干劲和闯劲，也希望他能把控好变革的节奏。销售条线的整体变动方案汇报上来之后，王春华考虑了许久。曾经在销售条线摸爬滚打十几年的王春华，熟稔这样一个大手笔的改动，牵一发而动全身；但市场的今非昔比和千变万化，又让他深知"变则通"的道理。几次与朱文晓推心置腹的交谈之后，特别是在敲定人数与人均销售额挂钩的情况下，他才下定决心让朱文晓放手去做。实际上，销售条线的这次变动后来也影响到常开股份制的架构，这当然是后话了。

第二节　集中力量"办大户"

"3332 战略"的部门架构中非常有特色的一个科室就是战略客户部。

2020 年，在常开建厂四十多年的历史上首次成立战略客户部，由时任元件业务一科科长朱宇凯担任部长，并由朱宇凯自己认领了 4500 万元的销售任务。

其实，战略客户部也不算横空出世，因为在 2015 年就有一个类似的科室，叫做市场开发部，是在原来销售业务以区域划分的基础上单列的一个科室，以行业划分客户群体，意图对重点客户进行突破。但此科室成立一年以后就撤销了，在销售条线上大家都知道这是块难啃的骨头。不过在朱文晓看来，鉴于市场动态及行业趋势，这种元件销售的方式和方向是对的，几年之后把它又捡起来，是要赋予它一些新的思路与新的功能。王春华十分支持这个想法，他和朱文晓两人一致同意让朱宇凯来挑这个大梁。

新成立的战略客户部挑选出五六个重点行业，包括石油石化、通信数据行业、轨道交通、半导体、核工业、大型火力发电等，并把这些领域的重点企业挑选出来。重点行业的重点企业无疑都是规模用户，但只有拿下实实在在的订单，才能让它们成为常开的客户。

但具体怎么做才能不同于五年前？这是朱宇凯、朱文晓及王春华都在思考的问题。

专业团队应战，这是后来战略客户部确定的战术。

这一思路也是借鉴了几年前常开在地产项目上的经验。地产行业的低压电器销售情况与工业项目不同，高端楼盘项目一般选择施耐德电气、ABB、西门子"三大家"的产品，而一般的楼盘则比较注重商品的性价比。常开属于国产高端品牌，加上很多同行在广东这一众多房地产总部驻扎的重镇布下重兵，其销售人员数量经常是常开的一倍甚至数倍，因而常开在广东地产项目中并不占优势。2019年，一个偶然的机会，常开切入了碧桂园的地产项目，为了进一步打入该项目，常开临时组织了专业团队，分工协作对碧桂园展开了攻势，奇兵制胜的常开最终赢得了订单。旗开得胜之后，常开接着又将此做法移植到北京的龙湖地产项目，同样取得了成功。尽管后来常开并没有将房地产行业作为重点领域，但像碧桂园、龙湖地产这样在全国排名前十位的标志性地产公司对常开产品的选用，使得常开在竞争激烈的房地产行业的口碑延伸至其他行业。

固定几个重点客户，采取团队作战的方式，朱宇凯将房地产行业的经验借用于战略客户部，很快取得明显效果。"同一行业的产品、公司组织架构，乃至人员交流的方式都是类似的"，因此"将应对A客户的方式拷贝至B客户完全没有问题，就连聊天的话术都是一样的"。这样一来，战略客户部的业务员更多的是在自己聚焦的行业里发展客户，互相协作，避免了区域划分体系下跨越众多行业的精力分散问题，再加上与其他业务部门的配合，他们能够盯住的客户数量反而更多。

为了更好地服务华为，同时也由于朱宇凯是华为首个订单的销售代表，常开将华为纳入战略客户部管理，并为华为配置专业团队，从销售、商务、技术都有专人负责。由于华为的供应链覆盖全球，因此一天24小时之内随时会有电话前来问询，并要求供应商迅速做出回应。因此，常开在2020—2022年努力晋升为华为的合格供应商之际，朱宇凯经常是一肚子的苦水无处可诉，

"这种超级大客户，虽然量不是特别大，但是服务起来确实蛮困难的。他们什么问题都问，你做销售的还要懂一些技术，随时都要给予回答。而且他们的商务部门来找、技术部门来找，遇到什么都找你，就这样还觉得我们的服务人数不够，有一段时间我们只能组织很多人天天去跟他们对接。"

这样一种销售战略的改变，使得2020年的战略客户部成为朱宇凯口中"业绩斐然的一年"，10位部门成员原本4500万元的销售任务，以1.3亿元翻番完成，远远超过常开销售条线人均1000万元的基本任务。

如果增加关注的行业数量和人力资源，战略客户部的销售业绩到2021年是不是还会翻番增长？实际上，在朱文晓的谋划盘子里，战略客户部不仅仅只有业绩增长这一个目标。"3332战略"中的聚焦头部企业和高端替代，都要求销售部门要深耕行业。以前常开的销售工作主要是围绕地域开展的，而在新的形势下，就需要做"在地域的框架下不能做的所有事情"。因此在战略客户部之下成立的不是项目小组而是行业小组，所研究的课题是该客户行业的整体发展状况、行业排头兵企业现状、行业所需要的产品类型等，并对那些快速成长的行业、正在进行自主创新的行业给予了更多的关注。而作为一个条块结合的销售部门，战略客户部其实多少是会与销售大区下属的办事处存在业务交叉的，为了鼓励多部门作战的配合，朱文晓别出心裁地设计了"双重计奖"的考核方法，即双方合作过的客户订单重复计算，既算办事处的销售任务，也计入战略客户部的名下，只不过在核发奖金时再按照一定的对应方式计算。

除此之外，常开为战略客户部确定的另一个重要职能是"孵化器"。2021年新能源板块从战略客户部中划分出去，单独成立新能源工控部，一下带走了五六千万元的销售额。这其实是成熟一个、划走一个、独立一个。2023年，外贸板块又相继被划走，战略客户部原班人马纷纷另立门户，以至于朱宇凯感叹在部门聚餐时已经找不到熟悉的面孔，"最初的 10 个人现在只剩下 2 个人了"。

不过怅然过后，朱宇凯更多的还是欣喜，战略客户部为常开培养了一批重点客户，新能源工控部独立出去之后，部门销售额已经超过 3 亿元，连原来跟着朱宇凯的小徒弟如今也独撑国际贸易部了。而他这个在成套技术部门做了十年的技术员调任到销售条线，经过"脱胎换骨的彻悟"，五年后将团队的销售业绩从 4000 万元翻番到 1 亿元，从科长助理、科长，一路晋升为负责销售的总经理助理。当朱宇凯更多地站在全局看问题时，他开始更深刻地理解和支持朱文晓的想法，因此他在"孵化器"的定义后面给战略客户部再加上一个名词——"尖刀排"。

第九章　十年攻克苏州地铁项目

从 2010 年开始公关，到 2021 年中标，常开在苏州地铁项目上前后耗费了十年时间。

2012 年 1 月，苏州第一条轨道交通的 1 号线开始试运行，作为地铁建设重要装备的配电柜却全部招标为外资品牌。扼腕痛惜"被夺走了家门口的生意"的常开人，从此开始长达六年的征程。

直到 2017 年底，与苏州轨道交通系统的往来才终于见到曙光。2018 年 3 月，常开的开关柜正式在苏州地铁 1 号线的金枫路站点挂网试运行。

2019 年常开具备了招标资格，正式参加苏州地铁 6 号线和 S1 号线的招标。

在苏州地铁招标事项上，常熟市人民政府无疑坚定地站在常开身后，其不仅同意作为担保方，而且很快向苏州市人民政府请示协调苏州地铁使用常开的 400V 低压开关柜，最终也取得了苏州市人民政府的支持。

2021 年 4 月，常开中标苏州地铁项目，合计 2000 多台开关柜，总额近 9000 万元，苏州地铁也成为全国首个应用国产开关柜以及配套的塑料外壳式断路器、智能型万能式断路器的项目。

第一节　夺回家门口的生意

2018年3月，常开的开关柜正式在苏州地铁1号线的金枫路站点挂网试运行。消息传来，常开人莫不欢欣鼓舞，这场历时六年的中外品牌争夺战至此告一段落。

回首六年前，苏州地铁运行的那一幕让常开人难以忘怀。

2012年1月，苏州第一条轨道交通的1号线开始试运行，作为地铁建设重要装备的配电柜却全部招标为外资品牌。常熟作为苏州直属的县级市，常开又是响当当的国产品牌，却被拒之门外。前董事长唐春潮愤愤不平，扼腕痛惜"被夺走了家门口的生意"，发誓要为中国品牌争气。

接棒董事长的王春华也咽不下这一口气。尽管第一条地铁线招标已结束，但按照苏州的城市建设规划，苏州的地铁建设还会继续。因此王春华布置当时的成套销售科以及相关业务科室盯紧苏州轨道交通系统集团有限公司（简称"苏州轨道交通"），有消息随时通告。

2012年至2017年，苏州地铁又陆续建设了4条线，常开仍然与之无缘。其实并不是苏州轨道交通系统特地避近就远，主要是地铁中的照明、监控、通风设备等都需要复杂的供电和配电系统。为了保证地铁的平稳运行，并有效规避各种安全事故，对比国内外产品，苏州轨道交通认为跨国公司的产品经历了丰富的轨道交通应用，尽管国内包括常开在内的配电设备的精度和质量都比较可靠，但尚缺乏一些使用经验，因此苏州轨道交通对国产品牌的招标持观望态度。

而那几年中，常开也不是没有努力过，时任元件业务十一科科长的朱文晓，在负责苏州地区销售业务时曾接触过苏州轨道交通系统，尝试推销常开的断路器而未果。后来常开还分析了苏州地铁的使用偏好，试图取得配电柜的外资授权后配置常开的断路器，再将柜体连同元件一并销售给苏州地铁。

直到2017年底，与苏州轨道交通的沟通才终于见到曙光。

2017年12月20日下午1点30分，苏州轨道交通在苏州胥城大厦一楼会议室组织召开了关于常开400V开关柜在苏州轨道交通1号线金枫路站挂网运行的技术评审会，来自上海、南京、无锡铁路局的十来位专家参加了鉴定会，一致同意常开挂网。

经过近3个月的设计生产，常开的CGZ1型400V开关柜，以及配套的CW3系列智能型万能式断路器、CM3系列塑料外壳式断路器，正式进驻苏州地铁1号线降压变电所0.4kVⅡ段，挂网设备含进线柜1台、电容补偿柜1台、三级负荷总开关柜1台及馈线柜7台，完全代替原0.4kV开关柜，为金枫路站的环控、通信、照明、消防、屏蔽门、AFC等重要设备供电。

常开首次将自己的产品安装到苏州地铁上试运行，这只是"万里长征走完的第一步"。一般情况下，挂网试运行产品需要二年以上通电运行，并取得地铁运营公司充分肯定后，方可取得运线招标的资格。因此这时候距离常开产品最终在苏州地铁上的应用，还有些时日。尽管如此，2018年苏州地铁的这次试用机会，成为常开向轨道交通行业进军成功的一个转折点。

2020年4月，常开如愿获得苏州轨道交通出具的合格报告："截至目前，该产品安全运行二年，其间未发生一起故障。该产品设计合理，与接口设备衔接方便，人员操作简便，质量稳定可靠，防误操作功能实用，断路器、抽屉开关等关键部件互换性好，各项性能指标均满足地铁环境使用要求。"

2021年3月，苏州地铁6号线、S1号线0.4kV开关柜招标。此时已经具备招标资格的常开，闻听此消息后立刻行动起来，打探相关信息，并做好参加招标的准备。

应该说，是否让常开参加招标，在苏州轨道交通内部是有分歧的。

按照苏州轨道交通以往的招标要求，要具备配电设备的招标资格，需要设备运用于一条轨道交通线一年以上的运行业绩。严格说来，常开只有一个站点而不是一条轨交线的运行业绩。不过，苏州轨道交通最终对常开网开一面，在很大程度上源于苏州轨道交通当时的集团董事长。作为常熟人，这位董事长对常开非常了解，曾多次在内部会议上表态支持常开，这其实也是与当时国内大环境相呼应的。当时的中国制造经过改革开放四十年，在一些领域已经逐步具备与跨国公司相抗衡的能力，国内对重点建设项目采购国内品牌产品的呼声很高。

在常开终于拿到招标资格后，又一个问题冒出来。

由于常开是作为国产品牌首次进入招标的，苏州轨道交通要求常开提供一个担保方。国内担保机构的类型很多，不仅有银行等金融机构，具备相关资格的企业同样也可以担保。不过王春华出人意料地提出由常熟市人民政府来担保，此言一出，众人皆拊掌称妙。2020年5月，常开写好报告，通过企业所在的街道办事处上报常熟市人民政府。

常熟市人民政府之所以能够且同意成为担保方，与常开的股权结构有关。经过多次企业改制，从2008年开始，常开由民营企业转变为一个国有参股的混合所有制企业，由常熟市发展投资有限公司作为国有股代表参股常开。

第九章 | 十年攻克苏州地铁项目

在苏州地铁招标事项上，常熟市人民政府无疑坚定地站在常开身后，其不仅同意作为担保方，而且很快向苏州市人民政府请示协调苏州地铁使用常开的 400V 低压柜，最终也取得了苏州市人民政府的支持。

此时，常开中标苏州地铁项目基本已经没有多少悬念了。

2021 年初，苏州地铁项目公开招标，共有七八个同行企业应标。常开组织了 3 支销售队伍，分别对应 3 支总包单位。经过一个多月不分昼夜地紧张忙碌，4 月，常开最终中标苏州地铁两条线的配电设备。

常开终于扬眉吐气了。在与外资品牌多年的博弈中，常开终于扬国产品牌之威，拿下了本地市场，多年前"如果本地都做不下来，就永远走不出国门"的那个担忧被彻底解除了。

第二节 成套生产的过程控制法

2021 年 4 月，常开同时中标苏州地铁两条线的建设，项目中开关柜、塑料外壳式断路器和智能型万能式断路器均采用常开产品，合同总额接近 9000 万元。苏州地铁成套中标，实现成套和元件的高端替代，这是常开两代人的梦想，打破了该行业一直被国外产品长期垄断的怪象。

按理说，常开挂网苏州地铁 1 号线的 10 台开关柜至此已经运行三年多，其间没有出现任何一次安全事故，常开在开关柜设计和生产方面完全具备相关的经验。然而，此次中标的 6 号线和 S1 号线是苏州轨道交通系统按照无人驾驶的目标来规划的，对工程建设的要求远远高于 1 号线。开关柜除需满足常规标准要求外，还要实现 PLC 控制、BIM、通信等功能。合同签订后，王春华第一时间组织相关部门开会，成立地铁项目组，并亲自挂帅。王春华在

117

会上明确要求："地铁关系着民生，无论是断路器还是成套柜，可靠性非常重要，能同时拿下两条线非常不容易，这是地铁公司及相关领导对常开的信任和支持，常开一定不能辜负他们的期望。常开第一次进入地铁建设，肯定会有这样那样的困难，技术人员要深入研究，一定要做优质工程，必须确保工程保质保量按时交付。"

对此，负责设计工作的技术六科科长胡建刚，在"啃"完1000多页轨道交通技术标书后深有感触。由于地铁在地下二三十米的位置运行，元件及其开关柜不仅要经受环境的湿度及酸碱pH值导致的腐蚀性，同时还需具备防水功能。而以前挂网试运行的开关柜，其实是地铁运行之后的产品替换。如果说当时的工程类似于建好后的楼房，洁净度、温度、湿度等都比较适宜，那么此时则类似于正在盖楼的大工地，环境比较恶劣，潮湿、嘈杂、污浊以及有可能出现种种安全隐患。另外，时隔几年，地铁的标准在不断提高，控制技术在不断进步，原来的普通继电器控制技术已经落后，需要用PLC（Programmable Logic Controller，可编程逻辑控制器）来控制，经SCADA系统实现远程控制。

研究了技术标书后，胡建刚认为原来的CGZ1低压柜难以满足标书要求，此时的标书要求比1号线提升了许多，开关柜内部的细节要靠中标单位自己去研究。当时，常开CGZ1 6.0品牌柜已经推出，考虑到成本和交付周期短、批量大的因素，报价没有采用此柜型，为了满足客户的高要求，胡建刚决定在地铁项目上采用CGZ1 6.0品牌柜的设计理念，对原CGZ1低压柜进行升级，从而很好地兼顾成本、质量及生产效率的问题。当受到地铁公司组织各单位专家来常开验收时给予的高度评价，胡建刚长舒了一口气，他庆幸自己的判断是正确的，要不然大型返工会给公司造成巨大的损失。

特殊的使用环境对元件提出了很高的要求。为确保元件能够长时间安全运行，在常务副总经理管瑞良的带领下，技术一科、技术二科、技术四科分别进行了大量的摸底试验，胡建刚将联络会上的特殊要求及时向管瑞良汇报，在较短的时间内开发了 CM3E 专用 DC220V 直流分励附件，并进行了可靠性试验，元件与成套在地铁工程中的完美配合、相互促进，体现了国内高端品牌的价值，为今后在各种被国外产品垄断的重要场合实现高端替代奠定了基础，这正是王春华大力发展成套的初衷。

技术六科完成设计后，交到八车间主任徐庆丰手里的是一张全新的开关柜设计图纸。他不仅要在规定时间内生产出新品，而且要应对来自产品大批量生产的挑战。

苏州地铁两条线的项目总计需要 2000 台开关柜。开关柜总成的特点是占用场地大、耗费时间长、所需人员多，在短时间内一下生产出这么多的开关柜，显然不现实。在经过多次内部讨论与外部调研后，徐庆丰采取的办法是制订生产计划，分批生产。由于两条线涉及几十个站点，每个站点分期建设，其开工时间不尽相同，这就为分时段生产提供了可能。在充分了解到各个站点的施工计划及其进度后，八车间合理排期，一方面保证及时供货，另一方面减少成品积压，有利于资金周转。

在苏州地铁的供应生产中，八车间自创了一种新的生产方法，就是将开关柜的生产从项目方式转变为过程控制法。

由于常开以前承接的开关柜项目，每个订单的要求都不同，因此不可能像断路器元件那样采取标准化的生产，而只能以定制化的方式来处理，生产周期较长。然而这次地铁项目所需要的开关柜一致性却很高，常开于是尝试借鉴本公司断路器的标准化方式来组织生产，制定出开关柜的安装步骤、物料清单、材料使用等规范，将其写入操作手册，下发给每一个员工。在标准化的生产方式引导下，八车间的开关柜月产量迅速从250~300台提高到500台，生产周期缩短为3~5天。以前装配80台柜子，在车间的滞留期最少需要十天。徐庆丰说："后来我做了很多并行工程计划，三五天就把这些柜子做完了。"通过生产过程的整体优化，理顺各种流程，减少中间的各种浪费，以降低成本、提高质量，达到用最少的投入实现最大产出的目的，其实这也是常开开展精益生产的成果。

事实上，随着常开承揽的开关柜订单数额越来越大，开关柜的同质化色彩也越来越明显，产品技术指标接近，构造、功能近似，这给装配生产带来了便利性。受到苏州地铁项目的启发，常开将标准化组织生产方式推广到开关柜的其他订单，由此节省场地，加强对资金成本的控制，而操作的标准化与重复性还降低了对工人技能的特殊要求，由此困扰开关柜生产的一些难题也就迎刃而解了。

苏州地铁的示范效应，很快在全国地铁项目中得到彰显，这无疑为2023年常开接洽新的地铁项目产生了助推作用。

第十章　国外市场的突破

常开海外市场的开拓一波三折，说起来是一段很有传奇色彩的故事。

从2018年开始与沙特阿拉伯王国阿尔法纳公司（Alfanar）在中国的代理人接触，到2020年初与之签订11.6万台、800万美元的订单，不仅实现了常开海外市场的首次突破，而且是常开成立以来的单笔金额最大的订单。消息传来，常开上下群情振奋。

然而不久后，客户突然撤单。王春华初闻此消息，也是猝不及防。天有不测风云，这种不可抗拒的客观因素出现，非人力可以改变，王春华看着当时周围日渐增多的口罩，心下的焦灼逐渐平息，他决定顺变而为。

不承想半年之后，客户又恢复订单，而且又抛下一个更大的"绣球"，致使常开以王春华为首的高管一行在当时新冠疫情防控最为严峻的时期，踏上前去沙特考察交流的旅程。

同期在常开，生产部门争夺着被各种原因耽误的时间，在2.5个月的时间内完成了原定5个月的生产任务，通过科学精益的排产计划，创造了在原有生产线上产量翻番的纪录。

什么叫作"山重水复疑无路，柳暗花明又一村"，在这个故事里得到了充分的体现。

第一节　海外市场的首个订单

2018年的一天，时任元件业务一科副科长的朱宇凯在上海虹桥附近的一家咖啡馆里和一位客户代表见面。让他没有想到的是，此人将会在两年后给公司带来单笔金额最大的订单，由此开拓了常开的海外业务。

这位客户代表是沙特阿拉伯王国阿尔法纳公司（Alfanar）在中国的代理人，他约见朱宇凯主要是想了解一下常开的近况。阿尔法纳公司在能源、水、石油和天然气、社会基础设施等方面均能提供解决方案，年销售额达20多亿美元，其在低压断路器方面与日本相关公司及ABB公司都有合作，早就听闻常开的大名，这次是想做进一步的了解。

由于这位客户代表以前就对常开的情况有所知晓，听完朱宇凯的介绍后，对常开的兴致更高了，马上表示要去常熟实地调研一番。不久后，这位客户代表果然如约而来，对常开的企业运行状况称赞有加。

也是机缘巧合，2019年阿尔法纳公司总部低压电器部门的总经理来考察中国区的业务，与其合作多年的一家浙江供应商负责接待。当这位总经理表示，阿尔法纳公司准备承接沙特的电网改造业务，意欲在中国寻找优秀的低压断路器生产商时，这家供应商马上向他推荐了常开。之前就有公司代理人的好评，这次又有供应商的建议，这位总经理于是很快同意随同供应商去找朱宇凯，要实地考察一下常开。

已经升任元件业务一科科长的朱宇凯热情地接待了他们，同时敏锐地意识到这家公司的潜力，他先向上级领导汇报了阿尔法纳公司的情况，在带着客户参观公司后，将他们引见给王春华。

第十章 | 国外市场的突破

王春华第一眼近距离见到蓄着长须、穿着长袍、裹着头巾的沙特人，冷不丁还有点不习惯。不过，几句开场白说完，见多识广的王春华很快适应下来，摆开了那副见到所有客户都如数家珍的样子，详尽而生动地向他们介绍常开的情况。由于之前就有代理商、供应商的推荐，这次又眼见为实，这位总经理对常开的情况很满意，当下就表示了合作的意愿。

这时，王春华一边对客户的认可表示诚挚的谢意，同时又不卑不亢地谈了几点想法。第一，常开的产品质量好；第二，产品价格较高；第三，希望能有长期的合作。

虽然王春华是第一次接触阿尔法纳公司，但其所在的国家沙特盛产石油，是世界上最富裕的国家之一，这一点他是很清楚的。由此他判定，这样的公司在质量和价格的天平上会向前者倾斜，而对价格并不会很敏感，因而他非常坦率地对客户说出第一点和第二点想法。而第三点想法则是源于对海外客户的谨慎考虑。在阿尔法纳公司之前，常开的海外订单不多，主要是跟随终端供应商一起出口，自己基本没有单独的元件出口业务。像当年出口马来西亚某公司造纸及制浆项目的 3500 万元的订单，即属于这种情况。

另外，阿尔法纳公司的经营规模、资金运转等情况如何，他都还不甚了解，如果一旦接下订单，常开的回款是否存在风险，自己的生产线又该如何调整，这些都是他要考虑的问题。

听完王春华的想法，这位沙特客人果然对比较敏感的价格问题置之一笑。他表示，阿尔法纳公司之前与一些跨国公司也有合作，但那些供应商的产品质量不稳定，加上产品更新的速度较慢，因此阿尔法纳公司对那些供应商整体上不是太满意。只要常开的质量好、交货快，价格没有太大的问题。

此次会见双方相谈甚欢，甚至还探讨了一些签约的细节，王春华觉得这个订单不说是十拿九稳，也是胜券在握了。

这位总经理回到沙特后，又经过近一年的几次视频会议及反复磋商，2020 年初，阿尔法纳公司确定了 11.6 万台、800 万美元的订单。消息传来，常开上下群情振奋，这不仅是常开的首个海外订单，而且是企业成立以来的单笔金额最大的订单。

所谓商海变幻，其实就在一瞬间。

就在常开提前给供货做准备，专门为阿尔法纳公司设计产品图纸时，一个消息从沙特传来，受中国新冠疫情防控影响，阿尔法纳公司要撤回订单，准备将之转交给意大利的供应商。

初闻此消息，王春华猝不及防。然而天有不测风云，这种不可抗拒的客观因素出现，非人力可以改变，王春华决定顺变而为。

整个 2020 年，常开一边部署防控工作，一边紧抓生产。即使在防控最严峻的时期，常开的订单也没有减少。常开一方面及时满足复工企业的需求，同时还为医院、口罩生产厂家等这些临时出现的客户提供配电设备和元件，成为当时国内难能可贵的逆势增长企业之一。

而当年国际范围内的新冠疫情变化也出人意料。据世界卫生组织的统计，2020 年意大利的新冠病毒感染人数持续上升，死亡人数不断攀高。相比之下，中国由于严格的防控措施，病例数和死亡人数要低得多。

转眼进入 2020 年 8 月，那天正在公司开会的王春华没有料到手机里会冒出一条让他大喜过望的信息，由于意大利大批企业停产，阿尔法纳公司竟然又回来找常开了。

那一刻，王春华欣喜地体会到什么叫作"山重水复疑无路，柳暗花明又一村"。

第二节　疫情之下的沙特之行

2022年11月16日，王春华、管瑞良、朱文晓等五人从常熟赶往上海浦东机场，再从成都转机飞往沙特。

此时正值中国新冠疫情防控解封的前夕。而此时的人们备受煎熬，期盼着早日恢复生产和生活的正常秩序。就在这样一个黎明之前的黑暗时分，王春华他们义无反顾地出发了，尽管背后有家人的担忧和顾虑。

由于防控的原因，王春华及常开的销售人员已经很长时间没有出国了。而此时尽管国内还处于封控状态，但他决意走出国门，的确是反复考量后要践行给予阿尔法纳公司的一个承诺。

从2020年初阿尔法纳公司确定订货到撤销订单，2021年又再度合作，近两年的时间，常开与阿尔法纳公司召开了很多次的视频会议，每逢涉及重大细节问题，双方都感到面谈会更加方便，但彼此一直没能见面。直到2022年底，阿尔法纳公司表示想就后续60万台断路器的订单与王春华见面，这一点最终说动了王春华。

其实在王春华心里，他倒不只是为了争取11.6万台的订单，而是要去考量60万台订单的后续。

之所以有这种"得陇望蜀"的心理，其实与常开的产能有关。

常开两种主打产品——塑料外壳式断路器和智能型万能式断路器的年产

量为180多万台，60万台相当于年产量的三分之一。能接到如此大的订单固然是一件好事，但按照一般的供货期限，要在规定时间内一下子生产出如此数额的产品，常开现有的生产能力肯定满足不了，只能扩产增能。然而如果只是为这一个订单招兵买马，而没有后续需求，那么增加的人员后期不好安置，扩充的设备也可能会闲置，这对于一贯精打细算的王春华来说，都是一种投资的浪费。因此，王春华此行的另一个目的，其实是考察这类大订单的可延续性。

客户的订单是否可持续，当然与客户对常开的认可度有关，因此王春华从头到尾一直在让阿尔法纳公司见证常开的实力和诚心。而另外一个思考点，则是王春华自己悄悄存下的一个心思，那就是观察一下客户的实力。也就是说，如果客户有强大的承揽业务能力，自然就会对常开的产品有持续的需求。

在沙特的几天时间里，王春华一行得到阿尔法纳公司电力业务总裁及其集团公司董事长的热情接待，不仅走访了公司旗下的工厂，还参观了沙特电力公司，也就是阿尔法纳公司的潜在客户方。阿尔法纳公司的董事长还告诉王春华，沙特正在国家层面将"2030愿景"与中国的"一带一路"倡议对接，振兴制造业是沙特企业的重任所在。阿尔法纳公司一直坚持电气行业的高质量发展，这一点与常开"精品立企，高端制胜"的创新精神不谋而合，希望与常开确定长期合作关系。

以前参阅相关资料的介绍，王春华以为阿尔法纳公司的年销售额为一两亿美元，而实地一考察才发现资料有误，阿尔法纳公司的年销售额实际是20多亿美元，员工总数达几万人，产品包括开关柜、变压器等电力电器产品，对断路器等元件的需求量很大，因此之前与一些跨国公司供应商都有合作。

看到阿尔法纳公司规模大、销售能力强，王春华对后续订单心里有了底，但对于这样体量数倍于常开的企业，该怎么坚持自己的价格原则？

几天的细心观察，王春华发现阿尔法纳公司的技术力量相比销售实力要薄弱一些。如果阿尔法纳公司自己一时无法生产出高质量的零部件，那么势必会外求，于是他大胆地向客户提出来：采购元件的价格要放开。

当然，这个提法王春华不会直接跟客户说，他有自己的谈判技巧。在一大段常开坚持质量与价格挂钩的陈述词里，王春华半开玩笑地夹带了一句"你们可不要欺负我"。一句话把对方也逗乐了："王总，如果我们说的价格你觉得低，你尽管说。"

在沙特首都利雅得的几天时间里，宾主双方相谈甚欢，最终确定开展十年的战略合作，阿尔法纳公司还提出了成立合资公司的设想。

第三节　一则招募令

2020年9月，四车间的员工们清早一上班就在车间的公告栏上看到一则"招募令"：鉴于沙特项目生产任务紧急，特向本车间员工招聘30名突击队员，在原有的8小时工作时长之外，每天再加班4个小时，为时2.5个月。

常开车间工人的工作时间是上午7点40分到下午4点20分（中午休息40分钟）。由于是连续工作，而且工作强度高，因此四车间主任杨义东最初还担心没人愿意参加，但让他意外的是，一天下来竟然有40多人报名。

2020年初，常开与沙特阿尔法纳公司签订了11.6万台断路器的供货合同，预定11月底交货。早在4月，常开就对该合同立项，并专门打造了一条阿尔法纳生产线，其设计产能为日产960台。按照当时的打算，可以从六七月份开始，用5个月的时间来完成生产。

没想到赶上沙特穆斯林斋月活动以及全球暴发新冠病毒感染，直到临近9月才最终与客户敲定开工日期。常开本来还抱有一线希望，指望客户可以因斋月占用时间等原因而延缓交货期，没想到客户坚持原定计划。这样一来，原定5个月的生产周期就缩短到一半，这也就意味着要在2.5个月的时间内将日均产量提高到1500台，才有可能完成任务。

当时新改造的沙特阿尔法纳生产线刚刚完工，产能的数额是既定的，要将日产量突然提高50%，再次改造已经不可能了，唯一的方法就是重新设计制造一条新生产线，但在如此短的时间内根本来不及。设备不可能更新，而且由于是特定产品，技术部门也不可能去调整产品参数，因此所有的出路就只剩下车间加紧生产这一个突破口。

面对这个几乎不可能完成的任务，常开上下咬紧了牙关，反复探讨多种办法。其中一个较为可行的方式是对外招聘一批工人，临时开设两班制生产。但考虑到新增工人完成沙特项目之后的安置问题，常开最终放弃了这一计划，讨论再三后通过了杨义东的提议——就地在四车间招聘员工加班生产。

用四车间既有的员工来完成这个艰巨的任务，是杨义东掂量再三之后才下的决心。

从沙特项目四月立项开始，杨义东就已经在着手准备生产计划了。考虑到后期可能出现的不确定因素，他原打算先陆续生产，积累一点存货，临近交货期再采取一周加班一天的做法来完成。之所以采取这种细水长流的排产方式，一方面是可以缓解后期的加班压力，另一方面则是出于车间成本的考虑，因此杨义东的原则是尽量让工人少加班。

除尽早打算外，杨义东还有一个底气来自他近二十年的车间管理经验。像其他很多从技术转到生产条线的常开干部一样，大学毕业之后的杨义东只在技术科干了三年，就转到车间，因此他在生产一线的工作时间远远超过在技术岗位的。技术干部出身的杨义东，尽管还是戴着眼镜的一副文绉绉的书生模样，但多年的车间工作早已让他与工人们称兄道弟、打成一片。就在 2020 年初，他即将由一车间调任四车间主任，王春华领着他去四车间熟悉情况时，当时四车间的工人们就跟他开玩笑，说他是"人还没到车间，就先来宣誓'主权'了"。

在四车间员工的支持下，杨义东精挑细选了 36 名"突击队员"，制定了详细的排产方案，其基本思路就是最大限度地做到"人歇、机器不歇"。

先是采取早晚两班倒的生产方式，一个班生产 12 个小时。根据杨义东的排班计划，并不是每个人都得在统一的时间上下班，并且需要工作 12 个小时。如一些住得近的员工，上班时间会提前到早上 7 点；有的员工则是中午 12 点上班，晚上 8 点下班。对于很多员工来说，其实他们的 8 小时工作时间并没有延长，而只是增加了工作强度。

在生产节拍的把控方面，杨义东则是动足了脑筋。从新生产线试制那天开始，他就几乎天天蹲在机器旁。每天他都会在生产线旁观察，每道工序的分解动作、人员配置、生产节拍，他都用手机拍摄下来仔细琢磨，然后比照其他生产线，研究哪些动作可以合并，哪些工位可以压缩，如何加快生产节奏。三个月下来，他终于悟透了生产线的运转规律，让生产节拍缩短到难以想象的最低点。

由于采取了更加紧凑的生产节拍，工人的劳动强度极大提高。为了保证产品生产质量，杨义东特地在每 4 个小时的工作时点安排半个小时的休息时间。而为了节约这宝贵的空隙时间，杨义东和另外一个车间副主任则在工人休息及吃饭之际，亲自上线顶替操作，以实现节约到"分钟"的生产节奏。

生产首月，突击队员们遭遇的困难最多。新生产线正式投入生产，不免会有各种磕磕碰碰，有的工序组装之后检测不过关需要返工，有的零件与设备一致性不够需要替换。有时候上一个班次的任务还没完成，下一个班次的任务又来了，工人们只能连班倒。

到第二个月，生产就顺畅多了，8小时工作日内产量可以达到1500台，再加班4个小时，每天的产量则能冲到2250台，月均产量达到5万多台，实现了原有设计产能的翻番。到第三个月结束，四车间如期完成了订单。

奋战了2.5个月，杨义东心里的一块石头终于落了地。完成任务的当晚，他自己掏钱为突击队员们摆下答谢宴。由于经常到四车间现场督战的原因，王春华在四车间"人头很熟"，吃饭的消息很快传到他那里。第二天中午，王春华破天荒在公司食堂安排酒席为四车间庆功，并为每位突击队员配发一只半斤重的阳澄湖大闸蟹。公司领导在食堂宴请员工，此举着实让杨义东和他的小兄弟们风光了一把。后来常开在内部推广四车间生产节拍的管理经验，其他车间的班组都来四车间参观学习，四车间的风头一时更盛。

第十一章　科服公司的破冰

作为新任的副总经理，朱文晓一方面着手推出新的销售战略，另一方面则是为此战略建立一个保障系统，即销售部门组织框架的重构，人员的调整、考核，以及薪酬的支撑。

常开实行的是全员持股制，2011年由前董事长唐春潮首创"退休退股"的方法后，所有常开的退休人员都将自己持有的股份转售给公司，再由公司发售给新员工。在实行这种办法近十年的时间里，由于常开的新老员工更替的总量接近，因此退股和购股的数目总体持平。然而营销中心在2020年一年的时间内人员猛增，退休流转的股份不够新员工分配，这给朱文晓带来极大的困扰。

参照世界跨国公司以及国内一些企业的做法，朱文晓提出成立常熟常开科技服务有限公司（简称"科服公司"）的想法，在营销中心试行。具体方法是，2021年以后营销中心新聘任的员工全部进入科服公司，只有在达到一定标准后才能转入常开母公司，同时享有股份。

2022年，王春华将科服公司的做法从营销中心推广到整个常开。

第一节　一纸军令状

2020年春节后的一天，朱文晓和戴建定一起来到王春华的办公室，销售条线的营销中心拟定出一个新的管理方案需要报请王春华审核。

从当年元旦开始，朱文晓和戴建定都调整了工作岗位。朱文晓由总经理助理升任公司副总经理，仍然分管销售条线；戴建定由元件业务五科科长调任市场管理部部长。这个春节，朱文晓几乎没有休息。作为新任的副总经理，他一方面着手推出新的销售战略，另一方面则是为此战略建立一个保障系统，即销售部门组织框架的重构，人员的调整、考核，以及薪酬的支撑。

在朱文晓团队拟定的新方案里，常开原有的销售组织几乎全部重建。原来以区域划分的11个销售业务科室全部打散，重新划定为东南西北等6个大区，考虑到中国幅员辽阔的地域差异特征，大区分为ABC三档，下辖34个办事处，每个办事处的规格不少于5人。

营销中心保留了原有的人员分级管理方式，不过现有的分级数量相比以前翻了一倍，分为8档11个级别。增加层级的目的是降低晋升台阶的高度，为年轻人成长的每一步都设定认可和鼓励。同时打破论资排辈的传统，为优秀的年轻人提供更大的擢升空间。

新方案改变了以前单纯考核个人的方法，变更为考核团队业绩：以季度为时间分隔点，将团队销售业绩乘以系数发放季度奖金，由团队负责人进行二次分配，给予团队负责人更大的权限。决定系数的因素有很多，包括用来考核利润的特价率、产品的类别、订单的预测率等。每年年底进行年度考核，核发年度奖金。相对于给予办事处的放权，还有营销中心的集权。市场管理部作为营销中心的管理中枢，负责市场调研，并对销售人员进行考核管理。

新方案还改变了人才评定方式。办事处经理以下以业务员为主体的 5 个级别，采取九宫格的人才评定方式。纵轴为销售业绩、横轴为综合素养的评定指标，包括资质、知识、技能、价值观等。九宫格是很多公司广泛采用的一种现代化的人才管理工具，将以前人才测评的一维线条拓展为二维平面，使人才评估更为科学。每到年终，营销中心都会对业务员进行打分、评定并公示，作为第二年岗位职级调整的依据。

九宫格同时也是一个选拔干部的机制，连续三年以上评为优等，可以晋升到管理岗位。按照朱文晓的想法，九宫格实际绘制了一幅"人才地图"，能够比较直观地展现"谁是最重要的、最值得发展和关注、最值得资源投入的人才"。

王春华仔细地翻看着厚厚的一叠资料，一会儿笑一下，一会儿皱皱眉，当看到九宫格的考核方式，他抬起头冲着朱文晓和戴建定一乐："你们这是从上海行动教育那里学来的吧？"得到肯定答复之后，王春华不无得意地接上一句："怎么样，我让你们去参加上海行动教育的培训有收获吧！"

资料全部看完后，王春华赞许地看着朱文晓和戴建定说："你们的改革方案整体不错啊！对销售的考核比较直接和透明，销售部门最适合采用量化管理，有些部分我看还可以再细化，你们回去商量补充一下。销售部门的改革如果顺利，相关政策可以扩大应用到其他部门。"

停顿片刻，王春华翻到其中一页，对他们说："销售部门的岗位工资，我感觉有些高啊。"

朱文晓不由得与戴建定对视一下，来之前他们对此处也没有把握，没想到一下子被王春华提出来了。

"我们是比以前提高了一些，但也只是与技术人员持平，而且跟行业水平相比，我们还有一定的差距啊。"朱文晓解释说。

"以常开在行业的地位，销售人员的工资是应该更高些，但这个对比不仅要与外部横向比，还有内部横向比、历史横向比。"

王春华所说的这个内部和历史的横向比，主要与常开近二十年的传统有关。前董事长唐春潮于20世纪90年代到常开任职之后，一直要把常开打造成一个技术创新引领型的企业，在工资、股份上都向技术人员倾斜，因此很多年来技术人员的岗位工资整体要比销售人员高一点。朱文晓作为入职常开近二十年的员工，自然深知这一点，特别是戴建定，只比王春华晚进入常开一年，更是了解这一传统的。

但另一方面，近年来行业的变化可以说是日新月异。外资品牌的"三大家"ABB、施耐德电气、西门子，以及老牌的正泰电器，同时还有一大批新兴的上市公司，基于日趋激烈的市场竞争，它们纷纷在销售上各出奇招。特别是那些行业的新生力量，更是不惜血本在销售上投入巨大的人力物力，因此常开的销售工作面临更大的压力。

这些道理其实也不用朱文晓他们再讲，王春华自己就心知肚明。只不过他处在公司董事长这个位置上，需要把握公司的整体平衡。

看到王春华没有松口，朱文晓知道一般的道理也无法说服王春华，一句话脱口而出："王总，如果今年我们营销中心的任务完成量低于去年，销售部门的所有管理干部放弃年终补发工资。"

此言一出，戴建定有点愣神。作为市场管理部的部长，他知道所谓"销售部门的所有管理干部"是指办事处副经理以上的销售部门领导，人员总数为 60 多位。这真要执行起来，可不是一个小数目。

不过他很快就响应了朱文晓的话："王总，我们之前已经做过多次测算了，我相信今年能够完成任务。要真完不成，放弃年终补发工资我没有问题。"

王春华听后，很快就乐了，他最喜欢的就是有人跟他立军令状。他站起身来走到朱文晓身旁，亲切地拍拍这位比他年轻十多岁的后起之秀的肩膀，笑眯眯地用起了平时在私下场合里才用的称呼："小朱，咱们一言为定！我个人没意见，交给董事会讨论吧。"

第二节　激烈的年终评议会

2021 年底，营销中心的大会议室十分热闹，隔着紧闭的门，都能听到里面有人在大声说话甚至争论。对此，营销中心的业务员们已经习惯了，他们知道这就像去年年底一样，是销售部门的管理干部们在召开年终的评议会。

评议会的主要内容是依据九宫格等考核办法对所有销售部门、人员进行年度评定，并由此确定年终奖、股份的发放及职务的升降等。朱文晓称之为"经常出现营销中心召开的会议中最为激烈的场面"。

办事处经理以下级别的 200 多人的业务员业绩评定，是年终会议的一个重要内容。这些业务员首先由办事处经理打分，再报请大区总监审核，两级审核无异议后再报到营销中心的考核委员会裁定。考核委员会由公司副总经理朱文晓、唐伟，总经理助理朱宇凯、戴建定、朱小华，以及各部门总监等人组成。由于业务员的业绩评定不仅与本部门领导相关，还要横向比较其他业务部门，因此在最终裁定评分时，难免会出现一些争议。

而比上一年的年终评定更为复杂的是，除要按照九宫格的方法进行人才评定外，由于2021年成立了隶属于常开的子公司科服公司，因此在年终评定业务员的全年收入时，又多出一个考虑因素，那就是股份收入的平衡。

成立科服公司，是朱文晓主抓销售部门近一年以后提出的一个新思路。

2020年，营销中心的新方案通过审批之后，一年时间内销售部门原有100多人的队伍一下增加了近百人。按照常开的传统，新招聘的员工在满一年后，经考核合格，就可以购买6份企业股份。然而，常开现有的股份管理制度却难以实施这项规定。

2011年，由前董事长唐春潮首创"退休退股"的方法后，常开所有的退休人员都将自己持有的股份转售给公司，再由公司发售给新员工。在实行这种办法近十年的时间里，由于常开的新老员工更替的总量接近，因此退股和购股的数目总体持平。然而营销中心在2020年一年的时间内人员猛增，退休流转的股份不够新员工分配，这给朱文晓带来了极大的困扰。

参照跨国公司以及国内一些企业的做法，朱文晓提出了成立科服公司的想法，在营销中心试行。具体方法是，2021年以后所有营销中心新聘任的员工全部进入科服公司，只有在达到一定标准后才能转入常开母公司，同时享有股份。

这一做法的最直接的效果是解决了流转股份分配不足的问题。所有营销中心新员工的人事关系都在科服公司这个子公司，且一律没有常开的股份。但这并不意味着营销中心的员工永久没有股份，只要达到大客户经理的级别，人事关系就可以转入母公司，同时享有股份。

另外一个效果则是各地的办事处可以更加便利地聘任外地员工，试行办事处的本地化。中国各地在经济发展状况、自然资源和劳动力收入等方面都有较大差距，以前外地人才如果要进入常开，薪酬系统等必须纳入常开的框架之中，这就带来很多管理上的问题。因此常开成立五十年来，一直延续着绝大多数为本地人的员工结构。但随着销售区域的不断扩大，对外地销售人才的渴求，对驻外销售机构本土化的管理需求，需要更加灵活的用人方式。科服公司相对自由的管理方式，为聘任外地员工提供了更多的便利。

不过，科服公司的成立，又带来另外一个问题，那就是需要平衡母公司与子公司有无股份员工之间的收入差距。

为了解决这个问题，朱文晓和他的团队研究了很多方案。首要的是岗位工资向无股份员工倾斜。如科服公司新招聘的员工在同等条件下的岗位工资要比常开的员工高。利用年度奖金的杠杆作用，在综合考量员工全年收入后，以年度奖金来平衡无股份员工的总收入。

将岗位工资、业绩奖金、股息收入综合考虑，最终的目的就是要在股份不对等的情况下，尽量做到同工同酬，公平与激励兼备。

不过这种做法的难点主要在于股份收入的不确定性。由于每年的股息收入与当年企业的利润以及分配政策有关，因此每年的股息并不是一个定数，这就给业务员年度总收入的评定工作带来了很大的工作量。

如此之多的因素左右着业务员的收入，因而在2021年底，营销中心的年终评议会比上一年更为"激烈"，也在情理之中。

从年终业务员业绩评分到年终奖的确定，再到各个部门的评优，以及所有人员岗位工资和股份的调整，人员的调动、升降等，都在会议讨论的范围之内。甚至当有人对某个订单的奖励比例提出疑问，会上还会对其签单情况复盘分析，如果偶然性太大，则会适当削减奖励比例。年底还会对所有人员的级别进行核定，并进行合理纠偏，如对一年中跃升两级的业务员进行综合对比和复议，以保证其升迁的合理性。

在营销中心，以常开和科服公司母子两级公司的架构对销售部门进行考核和管理，与以前相比，这不仅使所有的销售人员面临更大的挑战，也使得管理者承压。一旦有销售人员按照相关政策级别掉档，直接涉及岗位工资的降低、股份的调整。2020年以来，营销中心工资和股份的调整相比常开其他条线来说，是变动最大的。尽管朱文晓深知这些举措肯定要得罪人，但成立科服公司的初衷就是要为接纳新员工提供通道，打造一个世界级电气品牌，需要全体常开人的同心协力。

事实上，科服公司体系在营销中心试行以来，连续两年完成销售任务，并有两名外地员工凭借突出的业绩转入常开母公司并持有股份。王春华后来决定将科服公司的做法在常开推广，凡是常开新入职员工，除公司特殊引进的人才外，一律进入科服公司，以后达到相关规定要求可转入常开并持有股份。

第四编
水龙吟

神州沉陆,几曾回首。算平戎万里,功名本是,真儒事、君知否。

——《水龙吟·甲辰岁寿韩南涧尚书》

(宋)辛弃疾

第十二章　建立核心竞争力

　　王春华接手常开时,这个企业已经存在了近四十年。在思考常开未来的发展方向时,他自问自答了若干个问题。

　　在这几十年里,常开的竞争力体现在哪里?研发并推出了引领行业的创新性产品,将来的常开一定还会秉承这一特色。

　　在新的时期,常开还需要具备哪些核心竞争力?产品是核心,而保持产品的竞争力需要进一步提高产品的质量。

　　作为常开的主打产品断路器,高质量的产品依靠什么指标来体现?产品的统一性、一致性、可靠性。

　　产品的统一性、一致性、可靠性以什么指标来体现?产品故障率PPM(Parts Per Million,定义为百万分之一)。

　　如何提高PPM?产品质量贯穿于工业生产的全流程,即从原材料、设计再到生产,以及应用服务。

　　在某些时候,王春华是一个典型的"理工男"。在阐述和思考问题时,他的逻辑思维非常强大。每当表述一个事件,他总会把这一事件分成因果两层关系。如果先提出问题,他马上就会陈述解决办法;而如果先说了"果",那他就会在"为什么"的口头禅后面紧接着表述它的"因"。而在解决问题的过程中,他的考虑因素是比较全面的,因为他会沿着事物发展的过程去考察,从而给出尽可能多的答案。

　　因而当他循着企业竞争力这个源头去思考时,质量要素就抽丝剥茧般显露出来。而到最后需要他定下心来再思考的是,工业生产的全流程该从哪个环节取得突破?

第一节　质量的理想与现实

按照公司法相关定义，企业是指以盈利为目的，运用各种生产要素如土地、劳动力、资本、技术和企业家才能等，向市场提供商品或服务，实行自主经营、自负盈亏、独立核算的法人或其他社会经济组织。毫无疑问，效益是企业的生命。

为了企业的存在，土地、劳动力、资本等所有的要素都要围绕这个目标去设置。至于孰轻孰重，就要取决于各个要素对效益所起的作用。

纵观中国改革开放四十多年，尽管质量要素一再被强调，然而在不同的历史时段以及企业的不同发展阶段，质量的作用和地位不尽相同。社会主义市场经济初期，当产品更多是在满足基本需求时，尽管质量在国家层面非常重视，但在企业层面却往往落实不到位。只有当"我国社会主要矛盾已经转化为人民日益增长的美好生活需要和不平衡不充分的发展之间的矛盾"，市场竞争也越来越充分和激烈时，质量的权重才会日益显现。

而在企业的不同发展阶段，也存在类似的现象。当企业还在初创时期，供应"短平快"的产品可能更适合其生存；而一旦企业发展壮大，品牌、质量等要素就开始得到重视，并日益成为一条左右其沉浮的生命线。

应该说，常开在 21 世纪初崛起时，给予质量充分的关注和重视。而到了王春华接棒以后，他把质量放在中国市场经济以及企业的最新变化这两个大环境下思考，从而为常开的质量管理注入了新的内容。

王春华接手常开时，这个企业已经存在了近四十年。在思考常开未来的发展方向时，他自问自答了若干个问题。

在这几十年里，常开的竞争力体现在哪里？研发并推出了引领行业的创新性产品，将来的常开一定还会秉承这一特色。

在新的时期，常开还需要具备哪些核心竞争力？产品是核心，而保持产品的竞争力需要进一步提高产品的质量。

作为常开的主打产品断路器，高质量的产品依靠什么指标来体现？那就是产品的统一性、一致性、可靠性。

产品的统一性、一致性、可靠性以什么指标来体现？产品故障率 PPM（Parts Per Million，定义为百万分之一）。

如何提高 PPM？产品质量贯穿于工业生产的全流程，即从原材料、设计再到生产，以及应用服务。

在某些时候，王春华是一个典型的"理工男"。在阐述和思考问题时，他的逻辑思维非常强大。每当表述一个事件，他总会把这一事件分成因果两层关系。如果先提出问题，他马上就会陈述解决办法；而如果先说了"果"，那他就会在"为什么"的口头禅后面紧接着表述它的"因"。而在解决问题的过程中，他的考虑因素是比较全面的，因为他会沿着事物发展的过程去考察，从而给出尽可能多的答案。

因而当他循着企业竞争力这个源头去思考时，质量要素就抽丝剥茧般显露出来。而到最后需要他定下心来再思考的是，工业生产的全流程该从哪个环节取得突破？

他的答案是从生产着手，从最源头的零件着手。

这其中贯穿着一个理念，那就是终端产品的质量首要来自零件的质量。在此认知下，才会有零件外协的收回与零件的自制；而为了提高自制水平，才会有零件生产工艺的更新，其中最具有代表性的就是从单模到级进模的更迭、不断拓展与提升。

还有一个着手点是生产装配环节的质量控制，其中，自动化是质量控制的根本手段。

十年来，常开不仅深入开展了零件加工的自动化如焊接自动化，还有检测的自动化，特别是装配的自动化，引领了行业的方向。

可以看到，在常开生产全流程的质量控制中，交织着自动化、自制化、数字化等多种概念，即在自制设备中优先落实自动化，在工艺更新中采用最先进的生产手段，核心的目的只有一个，那就是产品质量的保障和提高，这也就是王春华"大质量观"的基本内容。

"我们产品的质量是最优的，成本是最低的，只要把产品销量解决好，我们的盈利肯定高。"

有时候，王春华谈话的艺术能力不得不让人佩服。比如他在向竞争对手请教问题时，往往不会直接提问，而是绕着弯子说，自然也就不经意地"套"出了对方的答案。如此一来，让人在那个"理工男"的逻辑下，看到他作为企业家的高明之处。

视质量为企业的生命，是王春华作为接班人对企业竞争力问题的思考结果。将常开打造成世界级电气品牌，是企业的愿景也是他的心愿和梦想。"志非高远而不得"，常开能走到今天，站在一个更高的竞争舞台上，精湛的技艺、卓越的品质一定是企业保持长盛不衰的要素之一。

王春华对质量的思考在充满了理想化的同时，又展露出他现实的一面。

在他看来，产品质量实实在在是企业竞争的一个砝码，也是利润的来源。作为一个企业家，他的身上也会不时显露出理性谨慎、量入为出、权衡利弊的现实原则，并随时为可能出现的失败做好一切准备，而从不会因冲动、热血而罔顾事实。在他眼里，产品质量何尝又不是一个竞争砝码？将质量元素加入生意经，是与他身上那种基于现实的理想主义相一致的，这大概也是作为企业家对待质量比较独特的一个思路。

第二节　质量管理的"三驾马车"

在常开的质量管理体系之中，"三驾马车"是积累多年所形成的一个组织框架。

"三驾马车"是指全面质量管理办公室（全质办）、品质保证科（品保科）、产品检测中心三个部门。在这个组织架构上，有分管质量的公司总经理助理及副总经理。

从设计和生产制造两个维度去把控，常开的质量管理画出的是一条跨越所有部门的纵线。

一旦确定产品研发生产，质量条线的体系管理部门全质办就开始介入从供应商导入、质量的监控直至产品出厂，包括设计研发到生产以及售后服务反馈。原材料进厂所涉及的供应商质量控制以及进厂零部件质量监督，生产装配环节的实物质量把控和出厂产品检验等由品质保证科来负责。而产品检测中心的检测工作则覆盖产品设计过程、进厂原料、生产过程及成品检验抽查等。

可以说，相对于生产和技术部门来说，质量部门的架构在常开企业管理的体系中早期变动最为频繁。在经过二三十年的不断摸索后，才形成"三驾马车"这样一个相对稳定的结构。

对于负责质量的副总经理潘振克来说，尽管他在现任岗位上已有十年，但其实他从事技术工作的时长是质量管理工作的两倍，按照他的解读就是"常开的几任质量副总都是技术出身的，我理解产品质量源头来自设计"。从设计环节就开始严格把控质量，这也是常开质量管理体系的一个特点。

近十年来，常开的质量管理面临的一个挑战是如何在产品研发水平、自动化程度均较高的基础上，进一步提升产品的质量。

在低压电器制造行业，实物检测是质量把控的一个重要手段，在自动化检测设备没有批量化应用以前，常开也曾经仰仗着庞大的检测人员队伍来保障产品的质量。其实品质保证科至今在常开仍是人数最多的一个科室，达到100多人，而绝大部分成员是分布在车间的检验员。一方面提高了产品质量，另一方面提升了企业竞争力，常开从2012年开始自制自动化检测设备，这无疑有助于提升产品检测的质量和工作效率，同时为质量监控提出了新的要求。

"需要提前设定产品检验的质量控制要求，并将之融合在自制设备中，这样一来，真正开始产品检验时就简单得多了"，总经理助理兼品质保证科科长丁志刚经常与技术、设备以及工装工艺科的同事们协同作战，以落实自制设备的质量控制需求。

新的市场环境下对质量管理工作提出的另一个新的要求是，日常管理工作的体系化。

质量管理是企业面临的共同课题，常见的企业质量管理体系有ISO9001

质量管理体系、六西格玛管理体系、精益生产管理体系、全员生产维护等。

几十年来，常开也与大多数的中国企业一样，不断学习国际上各种较为成熟的质量管理体系，通过产品质量的提升、客户满意度的改进、员工积极性的提升及持续改进来提升自己的竞争力。

卓越绩效评价准则，是通过领导、战略、顾客和市场等几个方面对企业经营管理提出要求，以促使企业不断提升自身的竞争力。由于它也是国家质量奖励制度的技术文件，因而被全质办主任张伟称为"竞赛类"的质量管理方法。常开也是伴随着荣获2013年度第三届苏州市市长质量奖后，深入推广应用这项管理体系的。

近几年来，常开学习贯彻"IATF16949汽车质量管理体系"标准。这本来是针对汽车制造商及其供应商的一系列质量管理标准，但由于常开的一些新能源客户为汽车行业供货，因此常开也把这套标准要求延伸至自己的供应商系列。另外像阳光电源、华为这些大客户，每年会来工厂审查，它们的要求高而且标准条款多，也成为常开学习拓展应用质量管理体系的一个因素。

还有群众参与度较高的质量控制小组，一再被潘振克称为推动基层持续改进"很有成效"的方法，常开每年年底都对其中的优秀小组进行表彰奖励。

然而，当常开的产品数量特别是塑料外壳式断路器的产量翻番增长，自动化程度提升到一定水平时，建立具有自己特色的质量管理体系纳入了王春华的工作日程。

那些卓越的跨国公司或者是行业标杆企业，它们的产品质量到底是如何把控的，它们建立的质量管理体系又是如何的？带着这些问题，王春华做过多次调研后，开始力主引进合作伙伴，打造常开自己的质量管理体系。因为他在实际考察中，真切地感受到了质量管理体系化的差异。

以生产过程中的停线管理为例。一般情况下，很多工业企业都会出现这样的场景：品保部门接到生产部门申报生产线故障的电话，就会立即派出品保人员前去现场查看。而品保人员到达现场的时间，会取决于当时的多种因素。如品保人员判断当时的故障问题并不严重，或者当时手头的事情较多等，他可能会延迟一会儿再去。

然而在停线管理的文件办法里，会对品保人员的到达做出时间限定，还会规定到达的方式，并在完成维修任务后生成匹配码，传输到作业文件。即使是这样一个小小的场景，也会有一整套的处理流程。

因此近几年来，常开一直致力于设立 CPS（Changkai Production System），即常开生产管理体系。对各种质量管理体系以及跨国公司和行业标杆企业的经验的借鉴，使得 CPS 系统性、流程化、计量化、可视化，并且具备很强的可操作性。

在市场经济浪潮里打拼的中国企业，与那些拥有自己质量管理体系的跨国公司相比，更多的还是在消化、理解和应用各种质量管理体系，能够真正形成自己特色的尚在少数。常开能够建立专属于自己企业的 CPS，不仅体现了其管理者的勇气，也展示了质量管理工作的实力。

第三节　管理的 IT 化

2016 年 1 月，元件业务十一科副科长袁聪接任朱文晓，开始主持十一科的工作。尽管还没有正式任命为科长，但袁聪感到身上的担子重量实际上和科长也没有什么分别。

入职常开已经近十年了，早年就从"画图纸"被拉到销售岗位的袁聪，早已喜欢、适应并擅长销售工作了。为了敲开江苏省电力公司的大门，他可以"脸皮厚"到一次次"混"进机关大楼，又一次次被"清理"出来。不过功夫不负有心人，正是近十年的努力，江苏省电力公司的业务才在2015年实现突破，销售额达亿元。

此刻坐在电脑前的袁聪正在筹划十一科2016年的工作安排，他习惯性地打开公司内网浏览，查看科室当前的订单进展、每个成员的订单完成情况，还有最近几年的销售数据。如果需要，他甚至可以调出2000年以来十多年的销售数据。能把江苏省电力公司的业务从零起步做到上亿元，他从心底里感激常开的领导和同事们，正是他们在十年来所做的工作和积累下来的信息，才有了今天的结果。

而此时的袁聪尚不知晓的是，其实江苏省电力公司的销售才刚刚走入上升通道，后来五年的时间内，其订单一直在稳定增长，而十一科的销售业绩也在这几年时间里从他接手时的2亿元增加到5亿元。2021年1月，由于整个销售系统的大调整，袁聪被任命为华南大区元件业务科科长。

此时再打开销售系统的内网，呈现出来的是另一个全新的界面。

为了支撑销售系统的调整，常开计算机中心的两位主任，同时也是企业管理办公室的副主任范宏雷和吴新在那段时间里都忙得不可开交。

在常开，销售是最先实现信息化管理的部门，所有的订单录入、发货、开票等，从2000年开始就在原计算机中心主任周玉明的带领下，从纯手工填写全部升级为 IT 管理。二十年后的这次销售大调整，从信息系统的搭建来说也是一个几乎全新的格局。销售部门的订单管理、信息预测、人员考核等都要在管理系统中体现出来。这远不只是一个写写代码的事情，还需要深刻理解销售部门的需求点。因此作为负责软件设计统筹的吴新，在很长一段时间内，几乎天天与销售部门的同事们泡在一起开会。

当终于完成销售部门的系统升级后，计算机中心的工作重点又转移到了生产系统的智能化升级换代。

与销售相比，生产的信息化管理复杂度更高。首先是生产的流程长、环节多。从原材料的进厂，到零件的外协与供应商的管理，涉及价格、供货期等多种因素。企业内部的生产环节则包括生产计划的安排、产品的检验及仓库的管理等。

其次，常开断路器的特点是小批量、多品种，而且还有很多是客户定制的特殊规格的产品，这又增加了信息处理系统的复杂性。

如果单独论产量，五车间只有四车间的十分之一。但五车间却是公认最忙、加班最多的车间，其主要原因即在于五车间是具备"小批量、多品种"特点最为突出的车间。因而计算机中心在满足五车间信息管理的需求方面，费了不少心思。

首先是关键零件的条码管理。装配生产的每一个工位都配备一台电脑，操作工输入名字和密码登录后，电脑就会显示这道工序需要完成的生产任务，再点击生产任务，对应的合同订单、产品配置等信息就会显示出来。操作工按照要求装配之后，需要拿完成的零件扫码，如果拿错了，系统就会提示报错。这套系统也与销售部门联动，销售部门的各个层级都可以随时查阅到当前订单的生产情况。

其次，由于特定客户有特殊要求的产品越来越多，为了便于管理，计算机中心在为自制检测设备设计软件时，采用不同颜色的打印标签将它们区别开来。这就要求在特规品的信息输入时加以区分，并生成不同的检验结果。计算机中心和生产部门反复讨论，在完全弄懂具体工序的要求后，才确定出最佳方案。

按照公司的要求，销售部门的订单一旦输入管理系统，就要反映出与该订单相关的原材料库存情况，出现缺货情况，系统就会自动报警。但由于订单多，产品种类也多，虽然该要求对应的系统算法并不复杂，但由于计算量较大，服务器的响应速度会相应减慢。

如何解决这个问题？吴新在一次行业交流会中了解到很多企业采用定时计算的方法，也就是把大量数据放在晚上基本无人使用计算机的时间段进行运算，列出异常信息，第二天一早再推送给相关人员。

作为一个信息管理部门的负责人，吴新像这样外出参加行业交流早已不是第一次了，内部学习和交流的机会则更多。对此，吴新十分感慨，像计算机中心这种职能部门在很多企业一般都归属于技术条线，而在常开却直接归董事长王春华管辖。而王春华对其的要求也不同于一般的信息中心："什么都要懂，什么都要管，所以我们的计算机中心被合并到企业管理办公室，也相当于有了企业管理职权。"在这种管理思维下，吴新和计算机中心的同事们经常会在各种交流中产生设计的灵感，这次也不例外。

循着这个思路，吴新和同事们一起设计了一套系统，对当天生产部门没完成的合同进行定时运算，找出其中缺件的订单。这样一来，班组长或者生产调度员只要每天上班时点击一次，就能了解所有订单的配置情况，从而改进了 MES（Manufacturing Execution System，生产执行系统）。

第四节 "今天发现问题了吗"

"小冯，你今天发现问题了吗？"这是王春华让四车间副主任冯博渊记忆最深的一句话。

那时，他担任 CM2/CM5 装配组组长。组里有台检测设备，之前一直是单工位运行，设备前总会堆积几个待检测的半成品。有一次王春华到四车间巡视，发现这个问题后，便找到担任组长的冯博渊了解情况。冯博渊以为王春华要批评他半成品堆放的问题，赶紧做了一下自我检查，并保证以后类似的情况不再出现。没想到王春华沉吟了一下问他："为什么没有启用双工位呢？"

冯博渊如实汇报了他的想法，单工位并不影响整体工作效率，所以他的班组也没当回事。

王春华却说，虽然暂时还没有影响，一旦产量增加或者遇到问题，难免就会降低装配进度。

接下来的几天，王春华隔三岔五就到四车间来一趟，每次见到冯博渊便会问他："可以启用双工位了吗？"

冯博渊尽管平时工作也很繁忙，但在王春华的几次"催问"下，于是利用两周工余时间与班组成员一起对设备进行了改造，启用了双工位。

"今天你发现问题了吗"，这是王春华最喜欢对常开员工说的一句话，而并不是专门对冯博渊而言的。要善于提问题，这是王春华工作的心得，也是他平时对员工们的要求："提不出问题，证明你本身有问题了。"

第十二章 | 建立核心竞争力

为什么要善于提出问题？在王春华看来，这是员工主动性的体现。王春华认为优秀员工需具备三种素质：主动性、责任心、与企业一致的大局观。只有主观上想把工作做好，而且还要做得更好，才会经常看到问题、发现问题。如果总是提不出问题，就表示员工对现状的满足，从而也会丧失改进的机会，这也是"自身有问题"提法的来源。

另外，提出问题是解决问题的前奏。王春华特别认同一个企业管理的理念，只管把问题提出来，即使自己解决不了也没关系，公司会找到别人去解决的。实际上，这也能鼓励员工跨界去提出问题，站在旁观者的角度，更容易看到其他人工作中的不足。

当王春华在对企业发展这个宏观问题进行思考时，把人放在很重要的位置。但他知道"十年树木，百年树人"，这不是一朝一夕的事情，但又得只争朝夕。优秀人才的培养、培训，善于提问题是第一步。

如何才能在自身工作中找出问题？王春华把提问题分成几个层次。

第一，从工作现状中去寻找各种不足。

第二，横向比较，与同事、同行比较，从如何改进本职工作的角度去思考。

第三，从本职工作中抽离，站在高一个层次甚至从全局去想问题。

他还备注了：实在提不出来问题，可以向上级寻求帮助。

如果员工怎么都提不出来问题，王春华也有办法，他给企业管理办公室主任马建峰增加了一项新的任务，检查各科室任务完成的情况。

按照王春华的安排，企业管理办公室遇到没有完成任务的科室，不需要相关人员进行解释，而只是提一个问题："你什么时间能完成？"对延后的这个时间点，经公司讨论通过之后开始执行。如果再完不成，会被王春华"约谈"。

每次王春华与中层干部谈话的内容都很简单，程序也很简单。关于该科室任务完成情况的记录，王春华会当场让人打印出来，两人各自一份。王春华一般都会问："你都说能完成却没有完成的，这样的情况有几次？你今年打算怎么办？"真碰到年底要调整干部，王春华还是会拿出那份任务记录，问："看看你自己的完成记录，你对得起谁？明年这个位置你还要干下去吗？"

王春华跟中层干部谈话还有一个法宝，就是他的"小本本"。每谈一次话，他都尽量让中层干部们多说，自己少问，如果一定要提问就会问："这一年你觉得最满意的事情是什么？"并把他们说过的话写进他的"小本本"里，用黄色标注。第二年在谈话时，就拿出"小本本"复盘。

每月第一周的周六上午，固定会召开总经理办公会，王春华很少讨论问题。如果各个条线的中层干部们没有上报问题，那么就视为不存在困难，完不成任务就要承担责任。

让许多中层干部们挠头的是，等他们把问题都提完了，王春华还会冒出来一大堆问题。如针对上个月的经营情况，依据每个品种的销量情况，是否需要做些适量增减？上个月的财务报表，进出的各种数据反映了哪些问题，该如何改进？哪些数据出现异常？下个月、下个季度的订单走势如何？

其实他们不知道的是，这些问题并不是王春华现场想出来的。他往往会在会前花一天的时间研究公司报表和数据，思考要提出哪些问题。

要进步，就要善于发现问题。

不仅引导中层干部们善于提问题，一有时间他还会到车间去转转，抓住一切机会培养普通员工的提问能力。

"为什么以前的工位上会堆积半成品？"

当冯博渊完成双工位的任务后，有一天王春华问他这个问题时，他一时回答不上来。

"其实就是单工位的效率不够，你回去再想想。"王春华笑了笑走了。

一句话点醒了冯博渊，其实工位零件的堆积并不仅仅只是一个工作习惯的问题，背后还隐藏着工位数量这样的客观原因。他突然发现原来工位改造并不是按照领导要求去做就结束了，后面还有如此深刻的道理。从此，每天问自己至少一遍"今天发现了什么问题"已经成了他和班组的习惯。"只有做好了每一天的工作，把每个半成品做优、做好，才会有日后美好的每一月和每一年，才会厚积薄发，常开梦才会离我们越来越近"，这是冯博渊最深的感受。

第五节　永葆创新核心

"我们是销售好了，掩盖了好多问题"，尽管王春华这么多年来的销售思维很强大，但有时候他的技术底色还会突然冒出来。他好像总是有问不完的问题、提不完的要求、担不完的心，深刻直白且有着无尽的完美追求。

这种永远还想再前进一步的想法，不仅是王春华自己行动的动力和源泉，也是他定义的企业创新文化的内核。

显然，常开能走到今天，勇于创新是其中一个重要的原因。

如果没有想别人所不敢想，干别人所不敢干；没有异想天开的冲动，海阔天空的热情；没有高度自主创新的CM系列塑料外壳式断路器、CW系列智能型万能式断路器的持续推出，从而拥有产品的定价权，也就没有后来行业异军突起的常开。

如果说当初的创新更多的是为了立足的话，那么今天的常开作为一个成功企业，在早已解决生存问题后，如何还能永葆创新的精神、动力和决心，是王春华思考更多的问题。

为了不断创新，王春华做的第一件事情是志存高远。常开"十四五"规划（2021—2025年）中提出"打造世界级电气品牌"，成为"主业做精、产品做优、企业做强，具有独特核心竞争力、国际先进、国内领先的高低压电器研发制造企业"。这显然是超越了生存层面，走向卓越的更为宏大的远景目标。

在王春华看来，要提出那些"看起来不可能实现的目标"，才能激发人的活力、激情和创造性。

这一点，他已经在质量管理中尝到了甜头。原来常开的产品批次合格率为80%，如果按照以前的指标要求，一般每年都会制定1~2个百分点的增长任务。但是2022年常开制定出了100%的指标要求，因为王春华认为："如果按照常规去制定任务，你只会在原来的基础上改进；而当你被要求做到100%的时候，就会绞尽脑汁，就会彻底改变，提出颠覆性的意见和建议，我要的就是这样的创新。"尽管在任务提出之初，有一些人反对，但第二年合格率增长到83%，让大家都看到，适当地拔一拔"苗"的效果也不错。

"一个成功企业最可能出现的状态是什么？是止步不前，是害怕失败。"面对这个可能出现的症结，王春华的解决方案是在倡导创新的同时为失败兜底。

在产品技术创新方面一直走在行业前列的常开，在技术管理方面显然有别于一般的企业。由副总经理管瑞良分管的电器设计研究室，是全公司唯一不进行KPI考核的科室。而作为技术条线的负责人，管瑞良的自由度也很大，不仅是科研经费先用后审，科研课题的失败宽容度很高，具体到塑料外壳式断路器CM6系列的研发，管瑞良称，"在正式立项的几年之前我们就已经做了几轮调研，尽管老总一直嫌我慢，但我一直没动手"，因为在他看来："低压电器合成了N种技术，需要知道目前最先进的各种技术是怎样的，用户究竟需要什么样的产品，所以我要通过行业调查、市场应用调查先把前期情况摸清楚。"

还有一些时候，王春华自己站出来为大胆创新去蹚路子。

2017年前后，八车间的成套产品开关柜订单大增，但当时车间的面积只有3000多平方米，正常情况下已经十分拥挤，而此时王春华又给八车间定出年产量2亿元的任务。按照以前的做法，在这种条件下别说2亿元，就是1亿元也做不出来，因此当时八车间的反对声音很大，与王春华之间的争执也持续了相当长的一段时间。

不过在王春华的脑子里，凡事想做就一定会有办法，关键是看待问题的眼光要转化，解决问题的思路要改变。通过放弃柜体自制，提高组装效率等办法，至今在面积完全没有改变的情况下，八车间的产值已经增长到4.7亿元。亲身经历了另一种创新思路带来的成功，八车间对于那些不确定的未来树立了信心。当八车间搬迁到新厂房，车间面积扩充到2万平方米，王春华又给八车间下达20亿元的产值任务时，他们已经完全没有了畏难情绪，而是向王春华拍胸脯保证："20个亿没问题！"

坐在今天这个位置上，王春华深刻感受到一个成功企业背后的实力，面对各种创新中的经济损失，他都有买单的底气；但更多的时候他感到压力之巨大，意识到当一个企业发展到一定程度时，创新意愿的减弱甚至是丧失，才是更大风险的所在。

"我总是在问我们的干部，你们改变了没有？改变了多少？今天有没有什么改变？虽然改变有可能成功，也有可能不成功，但不改变，永远不可能成功！"

王春华选择主动去改，即使克服困难也要改，其实是看到了"不改"的后果，那就是与行业标杆的差距会越来越大。不管是行业"三大家"，还是日本富士电机，都是王春华经常提及的行业标杆，有时候甚至到了言必称之的地步。因为那个标杆意识，就像一把"达摩克利斯之剑"，时时悬在他的头顶，是差距，是危机，更是激励。

也许是多年的管理者经验，让王春华在面对硬币"正面"的同时，总要去探寻其"反面"。尽管看到了另外一面会让他有危机、不甘，甚至是痛苦，但他知道，如果没有解决好"反面"问题，就不能让"正面"更美。

其实这也是他的综合性思维的体现，正向与逆向、局部与全面、单向与多面，是他考虑所有问题的全面观。作为一个企业管理者，他也时时研究"人"这种因素在企业发展中的作用，并且拓展到研究人性，得出了"所有人的需求其实大致相似"的结论。

面对人性的复杂、人的多面性，作为企业家，他不去做文学家的评判，而是力求包容、共处，适当的改变，以及处理问题的柔软度。

说到底，创新最终是依靠人来实现的，处理好人的问题，解决好思想统一问题，齐心协力搞好企业，推而广之到经济繁荣发展、社会稳定和谐，大体不过如此吧。

第十三章　利润之上

尽管从20世纪90年代末期开始，常开走过了高增长、高利润的道路，但近十年来，常开人仍然没有停止过前进的步伐，而是一直处在上升的通道之中。特别是在完成基础的物质财富积累之后，常开人更多的是在精神层面进行思考。

我是谁？从哪里来？要到哪里去？什么是我安身立命的根本？什么是我存在的意义？我的价值观是什么？我希望以怎样的一种形象示人？

在一定意义上，常开几十年来在企业所有制上的探索，在几十年后或者百年后，可能会超过它的技术和产品对行业和国家的贡献，让后世之人记住在这个如火如荼、新旧交替、危机和商机并存的时代，曾经有常开这么一家企业在中国特色社会主义市场经济中做了具有历史意义的实践和追寻。

不增资扩股是出于保护现有员工的想法，不上市是考虑退休人员的原因，总是在以各种方式削减高层管理者的既得利益，在"要讲平衡、讲感情"的总体原则下，常开的所有制创新是在一个看得见边界的范围内腾挪辗转。这固然难以大展身手，也许那些披坚执锐、大刀阔斧的行为看起来更为痛快淋漓，然而在企业整体平稳发展的大目标之下，那些不管不顾的行为方式其实是有很高的风险的。手心手背都是肉，既要扶老也要携幼，这大概就是江南文化中的那部分人格的特色，也是中国儒家文化的中庸之道吧。

第一节　续写传奇

从20世纪90年代初常开在行业里的崛起算起，在三十多年的时间内，常开在低压电器行业一直独树一帜，在很大程度上体现为高利润。可以说是因为常开在跨国公司和民营企业之间再造了一个"夹心层"，紧跟前面的"狼"，力图拉下后面的"虎"，以技术创新研发出可以与跨国公司相匹敌的产品，价格却处在"狼"和"虎"之间，在中国高端低压电器市场再造了一个"蓝海"，打造了极高的性价比。

常开人自己对这一点也有充分的认识。2015年的《常开报》评论员在《价格表中看乾坤》一文中提到，1991年版的《产品价目表》有接线座、空气断路器等7种产品，其中空气断路器DZ10的价格为每种一两百元左右；2015年版则有CW1、CW2、CW3系列智能型万能式断路器，以及CM1、CM2、CM3、CM5系列塑料外壳式断路器等95种产品，CW3系列智能型万能式断路器最低价格也要卖到9200元/台，而最高价格则为18万元/台。CM3系列塑料外壳式断路器最高价格为5200元/台、最低为250元/台。

而到了2023年，再去看价目表，会发现8年时间过去，价格的差异远远不如前一次的对比那么强烈。同样是CW3系列智能型万能式断路器，2023年最低价格为每台1万元以上，最高为19万元/台。CM3系列塑料外壳式断路器的最低价格近每台300元，最高为每台5000多元。这其实就是新的市场条件所带来的变化。

在新形势下，如何保持企业的持续稳定发展，如何看待利润、规模和增长率的问题，这是摆在常开人面前共同的课题。

也许是常开在过去的四十年间积攒了一定的实力，取得了较高的行业地位，王春华在琢磨利润这个问题的时候，其实是跳开这个框框去思考的。

一个企业的存在固然首先是需要创造足够的利润，但是利润又来自哪里？其实源头在于产品，特别是对于常开而言，来自高品质的产品。

在质量问题上，一贯讲诚信的王春华非常较真。不管是谁说常开的产品质量不好，他都会先去找人家要证据。如果涉及具体案例，他就派人去追查、落实，并将调查结果告知对方，并最终纠正对方的看法。如果对方只是泛泛而谈，他就会跟人家辩论，即使是客户他也敢"顶"，在摆事实、讲道理之后，他请对方不要泛泛而谈产品质量问题，必须用真凭实据来说明产品哪里有质量问题。

不懈追求产品的高品质，而不是刻意去追求企业的高利润，王春华将这种理念和价值观植入常开文化的"根"，并将之作为企业传承和可持续发展的DNA。

其次，企业要取得利润和规模的平衡。这十年可以清晰地看到常开规模化生产的进步：2013年公司营业收入17.4亿元，2023年营业收入30多亿元。如果单看营业收入的年均增长率，其实也就六七个百分点。但它背后的情况却是，在场地面积几乎没有变动、人员增加极少的情况下实现的。主管生产的副总经理王炯华曾经做了一个统计，从他接管生产条线以后，"2019年至2023年，公司产值从22亿元增加到30多亿元，而一线工人只增加了48人"。也就是说，这一增长的实现，是以生产的IT化、智能化、精益化为保障的。与其他工业制造领域大规模机器生产的情况对比，低压电器行业的自动化程度相对较低，常开大量自动化设备的运用，兼以成本最低化以及品质保证，这是王春华处理利润与规模平衡的一个发力点。把产品制造做到极致，提高装配工作效率，降低生产成本，以及技术创新和销售革新的叠加效果，最终就能保持常开的合理利润空间，这就是王春华的思考逻辑。不把追求利润甚至高利润作为企业存在的唯一目的，而是为客户提供高品质的产品，为员工创造幸福生活，为社会创造福利，这也是常开一贯的价值观。

至于增长率，则是一个相对容易解决的问题。尽管常开经历过高增长，但其从来不把高增长作为目标，在常开的"十三五"和"十四五"规划中，公司的总体目标都是"销售收入保持5%左右的年增长，在保证销售收入质量和效益的情况下，在材料价格基本稳定的情况下，利润总额保持平稳。"

对于常开而言，立足自身的条件和特点，保持利润、规模与高增长之间的平衡，而不是刻意追求其中的哪一项。这些想法在很大程度上与王春华"基于现实的理想主义"思维一脉相承，创造价值但不刻意追求利润，提高效率但不急功近利，要求严格但也处事温和，做到极致但也尊重客观规律，这些都充分体现出王春华对于企业存在价值的深入思考。

尽管从20世纪90年代初开始，常开走过了高增长、高利润的道路，但近十年来，常开人仍然没有停止过前进的步伐，而是一直处在上升的通道之中。特别是在完成基础的物质财富积累之后，常开人更多的是在精神层面进行思考。

我是谁？从哪里来？要到哪里去？什么是我安身立命的根本？什么是我存在的意义？我的价值观是什么？我希望以怎样的一种形象示人？

这其实是对企业使命感的找寻和思考。当常开到了成立五十周年的节点时，只有不止于利润的理念指引和激励，才更能鼓舞人心。只有像"打造世界级电气品牌"这样的企业愿景，"安全可靠、绿色环保"这样的企业使命，才是安住于常开人内心的信念，才是常开人眺望远方的寄托，才能成为常开人续写传奇的精神和文化的引领。

第二节　全员持股的新挑战

纵观常开的改制和企业所有制结构的演变，可以称得上是一个时代的缩影。

从 1998 年正式启动改制，到 2005 年出现延续数年的改制风波，号称"八年抗战"（详见 2014 年电子工业出版社出版的《常开记忆》），常开最终以地方国营企业的身份改制成为全员持股的混合所有制企业，这样的轨迹几乎是行业乃至国内制造业历史上绝无仅有的。

今天的常开，在近十年不断微调的基础上，企业所有制结构进一步趋于稳定。应该说，全员持股对于常开员工来说，是一个极佳的人心稳定器。

一车间副主任王阳民，二十年前因为评上了"技师"的技术职称，股份从 3 份涨到 5 份；后来由于出色的工作表现，获得"苏州市劳动模范"等种种荣誉称号，并设立了"王阳民模具制造技能大师工作室"，十年前股份就被奖励增加到 10 份，成为当时工人队伍中拥有股份最多的一个。他的妻子也"借光"被照顾进入常开，对他来说，常开不仅是成就他闪光发热的平台，也是他家庭和睦幸福不可或缺的一个因素。

同在一车间的班组长温岳峰，同样也是从工人中提拔起来的"八零后"，在还没有走上管理者岗位的十年前，就因为取得了高级技师资格证，股份上涨到 5 份。以王阳民、温岳峰为代表的技师队伍的稳定，保障了常开在制造环节上的人员稳定性。

而随着常开效益的年年增长，员工股份收入也水涨船高。因此常开的一线员工收入不仅在常熟，就是在行业内也是上等水平，甚至超过了行业"三大家"的中国工厂员工收入。

作为一直被常开特别优待的技术人员，大学毕业入职满一年就可以获得股份，而后随着技术职称的获得以及职位的上升，股份还会得到相应的增长。如果是特别引进的人才或者特聘的技术专家，可以获得更多的股份。

即使是那些中高层管理者，他们在退休之后基本不会接受返聘，也不会再去其他同行企业发挥余热，用他们的话说就是"干了一辈子，养老的钱也够用了，要享清福了"。因此在常开周边有一个奇怪的现象，那就是方圆几十公里内没有同类企业。这在一定程度上无疑有利于缓解常开的同行竞争压力。

这些年常开的人员流失率很低，绝大多数员工都是从一而终的。不得不说，这在国内企业中非常少见。尽管全员持股有种种利好，但随着企业效益的增长，每股分红的增加，这种所有制的另一面却越来越引起常开管理者的关注。十年前，前董事长唐春潮就提出要警惕"富不思进"的现象发生，而近年来新形势下的常开在企业所有制上也面临不少的挑战。

首先是股份数量的不足。常开从2011年由唐春潮定下"退休退股"的原则后，股份的流转一直遵循这样的原则，即以退休员工退出来的股份分配给新员工。然而十几年过去，本来退休员工的数量就很难与新员工的数量完全一致，同时企业要发展必然要招聘更多的新员工，因此股份数量不足的问题，这些年来一直在困扰着王春华。

通常上市公司应对这一问题的做法是增资扩股，然而这在常开却实施困难。董事会秘书、总经理助理兼财务科科长徐志刚如此解释："一旦采取增资扩股或者其他方式，可能就会稀释现有在职员工的股权收益。"与上市公司的机制不同，作为有限责任公司的常开，股权计算的方式比较单一，在利润不变的情况下，股本越多，每股收益就会越少。

这一问题在 2020 年销售部门急需扩充人员时显露得最为突出，当时以朱文晓为首的销售团队提出成立科服公司来解决这一难题，而后来王春华之所以很快同意，其实也是被这一问题困扰了许久，希望借此摸索出一条可能的路径。

其次是股价越来越高。一般人很难体会到，像常开这样的企业，效益的增长反而是一把双刃剑。2013 年以来的十年，常开的营业收入和利润几乎就没有下降过，效益增长对常开整体发展无疑是有利的，但由此产生的另一个问题则是股价的上涨。

上市公司在二级市场上的股价取决于利润、市盈率、竞价等多种因素，而常开的股价只与净资产有关。作为有限责任公司，常开的股价是按照净资产来计算的，一旦效益增长、资产增加，必然会提高股价。同十年前相比，常开现在的股价几乎增长了三倍。对于很多新入职的员工来说，购买股份的费用真的不是一个小数目。

同时，购买股份还有一个收回成本的时间问题。随着股价的上涨，投资股份的费用，在十年前可能只需要两三年就可以收回，现在则需要五年以上甚至更久。这不仅扩大了投资的风险，而且会使得员工的负债增加，尤其是骨干员工购买较多的股份。所以在常开骨干员工中流行一句话，人到中年之前只能是"负"翁。

其实常开也曾尝试过几种方法，如通过超额分红来降低股价。但超额分红会产生较大的副作用，即给外界造成不思进取、对未来没有信心的印象。更重要的是，如此一来，公司的总资产及净资产的增长率就会降低，净资产增长率甚至还可能出现负数，由此影响公司高新技术企业称号的评定，因此需要慎重考虑。

不过，尽管股价上扬带来了种种不便，却没有影响常开员工对购股的热情。截至目前，还没有出现过弃购股份的事件。这也从一个侧面反映出了常开员工对企业发展前景的信心。

最后是干群收入差距的拉大。问题的产生仍然来源于企业效益的增长，致使每股收益大幅增加，尽管中高层管理者的持股数量不变甚至在下降，但十年来与普通员工之间整体收入的差距还是在加大。

常开在这方面的调整可谓是费尽心机。2008年和2013年，公司注册股东退出所持股份的一部分，将此转让给常熟市人民政府，从此常开30%的股份成分一直是国有股，常熟市人民政府也就此成为常开最大的股东。之所以当年有如此"民退国进"之举，除"反哺"地方政府外，另外一个重要的原因是为了实现共同富裕的目标。2021年，为了常开"十四五"规划（2021—2025年）的顺利实施，高管层又转让10%的股份，由公司回购储存，用于企业未来发展、激励员工之用，这既是解决股份不足的问题，也减少了高管的收入。

其实这几年，王春华一直是通过拿"刀"削自己的"把"，来平衡中高层管理者与普通员工收入之间的差距。

2013年以来，每年员工的薪资都在增长，而常开制定的增长原则就是，中高层的年薪增长幅度一定要低于一般员工。"坚持共同富裕这条路，无论是从情怀还是从企业的竞争力，我们都得坚持。"王春华如是说。

对于一般员工，常开有个"托底"的方法，其原则是看三个维度。第一，评估一般员工的收入，先跟他的过去比，再跟企业领导比；第二，跟其他企业，也包括跟普通的金融机构比；第三，评估管理层的收入，先跟他自己比，再跟社会比。

在既要尊重现实，又要考虑未来，还在横向综合这三个维度的情况下，常开保证让一般员工的总收入每年维持合理的增长。

另外，对待即将退休的中高层管理者，常开近年来也执行了新规定。中高层管理者在正式退休前的两年就退居二线，部分人员职务上由正变副，同时原来是股东的人员要从股东队伍中退出，"不仅职位下降，股东身份也没有了，退休干部在情面、心理上难免需要一个接受的过程。"王春华认为："这样当然也有一些副作用。"

不过在常开，其实所有的人对"股东"这个概念是有充分认知的。在此"股东"非彼"股东"的环境下，大家对股东身份的得失会有更多一份的淡然和释然。

首先，普通员工与股东之间没有明显的壁垒。任何常开的员工，只要努力工作，按照公司规定都能增加股份甚至进入股东队伍。

其次，虽然常开的每个股东都拥有表决权、建议权甚至决策权，但如果降职或者退休，就会丧失股东身份。而在一般的股份公司，除非股东自己将全部股份转让，否则股东身份是会一直保持的。这也就是常开股东不同于一般意义上股东概念的所在。

因此，在徐志刚看来，常开的股东"更多可能是一种精神鼓励，一种身份、荣誉上的认可。他们跟出资员工的主要区别体现在数量上，所以我们的股东名称前面其实应该加个引号"。

这种看起来是股份公司，但又与真正意义上的股份公司不同，跟上市公司的差距更大的情况,这些年来一直困扰着王春华。其实他也不是没有想过上市这条途径,尽管上市的各种指标常开都可以达到,但一碗水怎么端平,却是最难的。比如,如何解决退休人员的股份问题,那些开疆拓土打江山的一代人,他们每个人的汗马功劳怎么体现在股份上,才能安抚回馈他们当年创业的艰辛,不能不说是一个极大的难题。

王春华自己就一直提倡创新,当企业所有制的机制创新遭遇现实的操作困难时,他也没有困在原地,而是遵循以下几个原则。

第一,向前走,只有做好现在和自己,才有未来。"我们要通过不懈的努力,把企业做得更好,未来的发展就可以在一定的预期内"。

第二,以企业发展为中心。"尽管效益的增长也会给常开带来一些难题,但企业的发展才是硬道理,要把握整体,顺势而为"。

第三,心底无私天地宽。"不要掺杂自己的个人利益,一切以有利于整个企业的发展、有利于员工为出发点"。王春华在接任董事长后,这么多年来一直没有补齐与唐春潮在位时持有的股份差距,仍然是担任总经理时的股份数量。一个很真实的原因是,在当时退休退股的政策下,他希望他的股份透明可鉴,不让其他人有任何遐想的空间。

不增资扩股是出于保护现有员工的想法,不上市是考虑退休人员的原因,总是在以各种方式削减高层管理者的既得利益,在"要讲平衡、讲感情"的总体原则下,常开的所有制创新是在一个看得见边界的范围内腾挪辗转。这固然难以大展身手,也许那些披坚执锐、大刀阔斧的行为看起来更为痛快淋漓,然而在企业整体平稳发展的大目标之下,那些不管不顾的行为方式其实是有很高的风险的。手心手背都是肉,既要扶老也要携幼,这大概就是江南文化中的那部分人格的特色,也是中国儒家文化的中庸之道吧。

"到目前为止的这个机制,包括任何机制总归有利也有弊,都是因时、因地、因势而形成的"。在王春华他们看来,没有什么事情是绝对好或者绝对不好的,永远走一条平衡中庸而不是中间的道路,兼顾各方利益,大家共同前进,这就是常开当下的选择。

当一切的准备都已经做好,那么需要等待的就是一个时机。

第三节 一个企业和一个时代

2023年6月,距离主厂区不过一千米,位于联丰路的常开新厂区,又迎来了一个车间的整体搬迁。

联丰路厂区占地10万平方米,仅比主厂区小2万平方米,是常开的第三个厂区。二十年前,常开就购置了这块工业用地,建设了第一期2万多平方米的厂房。2021年,常开开始建设的第二期新车间,主要是用以解决八车间的用地拥挤问题。加上与日本富士电机株式会社合作的常熟富士电机有限公司厂区,现在常开全部厂区的总占地面积为30万平方米。

新车间建筑面积为23000平方米,主体采用钢结构,主管厂区建设的党委副书记、工会主席周玉明称之为"世界知名品牌提供的最先进的钢结构厂房"。新车间宽敞明亮,算是常开最大的一个单体车间,十分适合成套开关柜装配这样占用场地大的特点。这也就是王春华和车间主任徐庆丰商量好要做到20亿元产值的八车间。

未来的常开,将走上新的起点。

常开在其"十四五"规划中提出:未来五年,坚持创新发展、绿色发展、共享发展,继续巩固高端制胜的战略,确保公司品牌持续位于国内引领行业发展的著名品牌前列，到 2025 年继续保持塑料外壳式断路器和智能型万能式断路器的品牌美誉度，并为跃居国际知名品牌打下坚实基础。

在常开"十四五"规划中植入"诚信、敬业、创新、合作"这样的企业价值观，这是当初在制定规划时王春华所坚持的。从这一点来说，王春华是最了解常开的血脉传承的根本所在。

他曾经非常诚恳坦率地说过这样一段话："常开要成为世界第一，估计我（在任时）是达不到了，我的下一任恐怕也达不到。但那是我们的愿景，我们的初心不能变，就是要去做安全可靠、绿色环保、高端高品质的产品，而要实现这个目标的基础就是价值观的树立。"

作为一个建厂五十周年的企业，常开的身上积累了非常可贵的价值观和文化内涵，这不仅是其用来立于潮头的根本，也是其建立百年基业的血脉。

创新驱动。常开近几十年来，能够在行业脱颖而出，一个核心的要素是创新精神。技术、产品的创新，其动力来自常开人从来没有为自己的理想和高度设限。三十年前，常开人就有这样的胆魄：跨国公司能做到的，常开为什么不可以做到？哪怕当时常开在国内还只是一个寂寂无闻的地方小企业。

"不断学习，永远对标"是常开一贯的做法。"我们的人一定要了解、一定要研究三大家公司的技术标准是什么，今后的标准又是什么？我们不是每一项都要比它们强，而是尽可能地在多个方面比它们强，才能立于不败之地。不要满足于现在人家都说常开发展快、经济效益好，这种状况可能明天说没有就没有了。"

王春华不论在什么场合，都反复提及行业标杆，就像《追光的人》这首歌曲中描绘的：

谁又在不停寻找

向着真理的方向

浅浅的那道目光

承载了无声渴望

辗转过无数个日夜

只为相同的信仰

我看着你眼里的光芒

像极了理想的模样

把星辰大海都装在了心上

我曾经那向往的时光

如今已成了日常

绿色制造。在王春华看来，绿色制造不仅是环境要求，其实也是企业竞争力的体现，所以这十年来常开在自动化制造、智能制造、精益生产、绿色制造等方面非常下功夫。抱着"世界上没有不可能"的态度，自制模具，以提高零部件质量；自制自动化检测线和装配生产线，让常开不仅成为行业第一个"吃螃蟹"者，也是行业的表率和先行者。它所带来的一个最直接的效应，是终端产品的质量稳定，从而为后续高端升级产品两个"六系列"，即塑料外壳式断路器 CM6 系列和智能型万能式断路器 CW6 系列奠定了生产和制造的竞争力基础，也为后来"十年磨一剑"的苏州地铁应用和国外沙特市场的销售突破做好了准备。

以人为本。如果在行业里面论规模、产值，常开可能没有那么多可圈可点的地方，其实五十年来的常开更像是一个"隐形冠军"企业，一个全民总动员的细分领域的领头羊，这在很大程度上归功于常开全员持股的企业所有制。尽管经历过几年的动荡和波折，但现在的企业结构更加趋于稳定；尽管当下仍然有种种不尽如人意之处，然而正是这种结构焕发出人人努力的激情和动力，并还在持续燃烧。如果说"以人为本"是尊重广大人民群众的根本利益，那么全员持股其实是最大限度和最有诚意的"以人为本"。同时在一定程度上，全员持股也可能是最能实现共同富裕的路径之一。

在一定意义上，常开几十年来在企业所有制上的探索，几十年后或者百年后，可能会超过它的技术和产品对行业和国家的贡献，让后世之人记住在这个如火如荼、新旧交替、危机和商机并存的时代，曾经有常开这么一家企业在中国特色社会主义市场经济中所做的具有历史意义的实践和追寻。

诚实守信。这不仅是为人处世的基本道德原则，也是企业基本价值观的体现。"做人最基本的是诚信，你不诚信，我跟你没法共事，价值观都不同"，王春华坚持认为"诚信，就是真正的企业信誉"。实际上，这些年诚信已经逐渐成为社会主义核心价值观的一个重要内容，越来越多的中国企业也都将诚信纳为价值观。然而真正当利益与道德发生冲突时，如何在"利"和"义"之间进行抉择，对于所有人来说都不是那么容易的。这也是这些年王春华要求新入职员工要背诵常开价值观的原因所在，"要能背诵，还要会解释，能理解，然后在工作当中去应用"。这大概带有很浓重的中式教育那种"灌输"的味道，先背诵，再理解，然后才能够加以应用，直到运用自如，深入内心，成为一种本能的反应。

新中国成立七十多年，改革开放四十多年，中国诞生了不可胜数的优秀企业。处在当下这个时间点，越来越多跨越原始积累、经历市场洗礼的中国企业正在向百年企业的宏伟目标迈进。

而长期保持稳定增长，成为百年老店的关键是什么？

曾有一项持续二十年针对世界500家百年企业的调查，结果表明，那些能够基业长青的企业所具有的一个共同的特征，是具有超越利润的价值观和目标。

《道德经》有云："重积德则无不克；无不克则莫知其极。莫知其极，可以有国；有国之母，可以长久。是谓深根固柢，长生久视之道。"

不仅在常开，对于所有的企业而言，"积德"是无往不胜的法宝，价值观和企业文化的引领，是企业基业长存的根本。

后记

前后历时近一年的采访、写作到今天终于可以告一段落了，这种喜悦与惬意是无以言表的。

这是我第二次去常熟开关制造有限公司（简称"常开"）撰写企业传记了。十年前，我跟随前总编辑杨青一起采写了纪念建厂四十周年的报告文学《常开记忆》。没想到十年后，常开想就近十年的发展历程再写一本传记，再次找到了《中国工业报》。当周玉明副书记打电话与我联系第二本常开传记的写作事宜时，我几乎是毫不犹豫地答应下来。

这样的机会，对于一个作者来说，实在是太难得了。

2014年《常开记忆》出版后，近十年的时间，我实地去常开调研只有为数不多的几次。更多的时候，我是从一些行业人士，特别是原机械工业部沈烈初副部长那里听说过一些常开的近况。沈部长早年就是前董事长唐春潮的好友，每年4月他都会去常开调研一段时间。我正是在十年前参与创作《常开记忆》时，有幸结识了沈部长。他当时解读常开改制时用了一句高屋建瓴的话："生产关系和生产力的匹配"，让我们一下如同醍醐灌顶。

常开对我来说，包含了太多的意义。十年前的那次写作，是《中国工业报》采写的第三本企业传记，但对于我而言，却是我首次参加创作的企业传记。正是在杨总编的带领、指导和共同努力下，我们完成了《常开记忆》的

后 记

写作，并得到行业和广大读者的广泛认可，所以才有后续两家企业的传记创作。而企业传记创作，也成为《中国工业报》的一个具有特色的文化产品。这一次，非常感谢杨总编的支持，她还有高梁老师，与我们的采写团队一起调研了常开，她还答应要写一篇调研"小作文"。我曾经多次听说过高梁老师的大名，他曾任国家发改委经济体制与管理研究所国有资产研究中心主任，是我国著名的经济学家。

十年后，又一次得到近距离观察常开的机会，我的心中充满了期待：如此一家行业优秀企业，又经过十年的磨炼，如今发展到何种程度？曾经在行业乃至中国制造业引起极大关注的全员持股制，今天发展到什么地步？过去的那些老朋友，他们如今怎么样了？

就像知道我的心思似的，十年前就认识的常开的笔杆子——党委办公室主任黄卫刚，亲自给我们列出采访名单，从公司高层到生产、技术、销售条线，细数下来竟有 38 人。我和同事徐如玉按照他们的安排，分成三次实地采访，最后积攒下来，总的采访时长竟然达到近百个小时。

从董事长王春华到所有的采访对象，都非常支持和配合我们的工作。有的干部专门准备了相关材料，有的还针对我们的采访提纲事先写好了答案。有些被我们"点名"需要再次接受补充采访的领导干部们，都会想办法挤出时间，无一例外地满足我们的要求。负责销售的副总经理朱文晓第一次接受我们访谈，见缝插针地安排在他出差之前的间隙；生产条线的副总经理王炯华在第二次访谈结束后特地加上一句："这下可以了吧，还有没有什么要问我的？"

对董事长王春华的访谈是这次调研的重点。只要我们去常开的时候他没有出差,他都会提前告诉负责接洽采访的党委办公室副主任吴静,最大限度地优先保障我们的采访时间。有一次采访延续了一整天,从上午到下午五六个小时,他一直在与我们交谈。

事实上,虽然前后去常开实地调研三次,后期仍然需要补充各种资料。接受过我们采访的一些人,还有未列入采访名单的一些人,后来还不断地被我们打扰,被索要联系方式、再次电话采访、索要资料等。吴静则一直给予支持,快速响应。

回京以后的一个首要工作,是大量录音的文字整理。由于采访对象多,再加上专业术语多,以及较重的常熟口音,即使我们采取了先用机器识别再用人工整理的方法,录音整理的工作量仍然十分巨大。在徐金宝社长、郭俐君副社长等领导的支持下,报社派专人协助我进行了所有的录音整理工作。装备事业部的徐如玉平时还有很多工作要做,她几乎是一个人承揽了这项工作,那段时间几乎天天都在加班。

尽管写过常开的前四十年,对常开也算比较了解,尽管这次写作的时间跨度只有十年,但要把一个企业,特别是一个行业优秀企业的十年写明白、写贴切、写全面、写透彻,仍然是一件很困难的事情。实际上,这次的写作是我的四本企业传记写作中最难的一次。

虽然今天我终于完成初稿,但一些问题还在思考和探索之中,我也非常愿意和读者们一起去寻找答案。

那就是,为什么没能再出现一个常开?

从1994年推出CM1系列塑料外壳式断路器,1998年推出CW1系列智能型万能式断路器，常开这两个系列的产品问世已分别有三十年和二十多年。可以说，在这三十年中，有很多企业在效仿常开，并争夺着这个市场。如今的低压电器行业也不乏后起之秀，在与常开人的访谈中，我几乎是从每个人那里都能听到同一家竞争对手的名字。

然而从近十年的发展水平和业绩，以及市场端的反应来看，常开的产品仍然具有很强的竞争力。

其中一个重要的原因来自产品本身。断路器这种机电一体化的产品，其技术难点在于经历、经验和时间的积累。对比常开和其他企业的产品，看起来外形会比较相似，但细究起来，功能、可靠性、使用感受、故障率等，使用一段时间下来就会有明显的区别。

这种状况，有点像三十年前的常开和行业"三大家"。产品外观和基本技术参数，看上去相差不大，但应用到实际场景，就会发现一些量化指标的差异，如PPM的细微差异等。特别是放到同样的环境、同样的条件之下，两个品牌之间的"毫厘之差"就会被放大。

这样的差距，也同样体现在常开和国内其他一些企业身上。

实际上，我也曾提出过这样的疑问：如果"三大家"有一天可以被超越，那么是不是也会出现另外一个常开？

常开人给我的回答是，不是没有这种可能，所以现在常开人时时也处在这样的危机感中。

不过，现在常开的产品，是几十年通过大量的研制、改进、试制、生产、使用、反馈、再改进、再使用，积累海量的数据后，才体现到实物产品上的。

小不过十几厘米，大不过一米见方的一个元件，它的背后是看不见的累积与传承。这就是工业制造的奥秘所在。

　　希望读者们也去寻找自己的答案。

　　再次感谢为本书作出贡献的所有人。

严曼青

2023年12月28日